Michaela Lühr
von
herzelieb

DAS HYGGE KOCHBUCH

Sehnsuchtsrezepte und Geschichten aus Dänemark

CHRISTIAN

INHALT

SEHNSUCHT NACH DÄNEMARK

Sobald ich die Grenze nach Dänemark überschreite, breitet sich in mir ein Gefühl der Gelassenheit und Fröhlichkeit aus. Alles scheint vertraut und doch so anders. Dann schlägt mein Herz rot-weiß – so wie die Farben des Dannebrog.

Ich wohne nicht weit von der Grenze entfernt und nutze jede Gelegenheit, ins Nachbarland zu fahren. Manchmal mehrmals pro Woche. Oft mache ich mit meiner Familie und dem Hund nur einen langen Spaziergang am Strand, wir besuchen Museen, treffen dänische Freunde und Familie oder kaufen ein. Manchmal genießen wir nur ein Stück Kuchen und einen Kaffee – am liebsten im Sonnenschein – mitten in einer Einkaufsstraße im Außenbereich einer Konditorei oder Bäckerei.

Und hier kommt die Hygge ins Spiel – das Gefühl von Geborgenheit, Wärme, Vertrautheit, Gemeinsamkeit und Fröhlichkeit. Seinen Ursprung hat das Wort in der norwegischen Sprache und es bedeutet »Wohlbefinden«. Die Dänen haben die Hygge schon vor Jahrhunderten zu einem Bestandteil ihrer Kultur und Tradition gemacht.

Hygge ist kein Wohn- oder Kochstil, sie ist Bestandteil eines Lebensgefühls. Man genießt das Zusammensein mit Freunden oder der Familie oder lässt es sich allein gut gehen. Der Stress und der Kummer der Welt werden ausgesperrt. Gespräche über politische Themen, soziale Probleme oder Sorgen sind kein Thema in der Hyggezeit. Wohlfühlen ist angesagt! Und das geht schon bei einem Becher Kakao, fröhlichen Gesprächsthemen, einem Spiel oder auch, wenn man ein Buch liest oder einfach bei Kerzenschein abschaltet.

Auch Kochen und Essen kann Hygge sein. Ein Gericht allein oder mit Freunden zuzubereiten, entführt die meisten Menschen aus dem Alltag. Ein gemeinsames Essen mit lieben Menschen sorgt dafür, sich geborgen zu fühlen. Schon der Duft eines Essens kann für das Gefühl der Wärme und Vertrautheit sorgen, wenn dadurch schöne Erinnerungen geweckt werden.

Wir verreisen oft und spontan nach Dänemark. Einfach übers Wochenende oder für ein paar Tage mit dem Wohnwagen. In seltenen Fällen buchen wir eine Ferienwohnung. Womit wir beim Thema Sehnsucht wären. Mit jeder Reise in dänische Gefilde wird die Sehnsucht nach der Rückkehr größer.

Wenn ich die Augen schließe, sehe ich unter anderem die langen Strände und Strandsegler von Rømø, die unglaublichen Weiten der Dünen und weißen Sandstrände sowie das türkisfarbene Wasser des äußersten Nordens und auf dem Strand liegende Fischerboote. Damit vermischen sich beeindruckende Bilder von der Landschaft auf Lolland und Falster und Gedanken an die hohe Steilküste aus weißem Kreidefels auf der Insel Møn. Dann scheint es so, als könnte ich ein Softeis oder die typischen Speisen und Spezialitäten schmecken, riechen und fühlen. Das ist für mich Sehnsucht und daraus wurden dann die Sehnsuchtsrezepte in diesem Buch.

Seit mehr als zehn Jahren veröffentliche ich zweimal wöchentlich auf meinem Foodblog »herzelieb« überwiegend norddeutsche und skandinavische Rezepte. Wie im Internet befindet sich in jeder Zutatenliste eine Prise Liebe – sie macht jedes Gericht zu etwas ganz Besonderem. Ich bin mir sicher, ihr habt sie reichlich im Vorrat!

Und jetzt brechen wir auf zu einer kleinen gemeinsamen kulinarischen Reise durch Dänemark – ich freue mich darauf!

Michaela Lühr

HM 84
HM 94

Mette Juul
HM84

DIE ESSKULTUR UND DIE MAHLZEITEN DER DÄNEN

Dänemark hat eine Esskultur, die ich sowohl als traditionell, kulinarisch-ästhetisch als auch als beeindruckend bezeichnen kann. Essen, besonders die Hauptmahlzeit, ist für die Dänen viel mehr als Nahrungsaufnahme, sie ist auch als soziales Ereignis zu sehen. Die typischen Mahlzeiten sind das Morgenmad – das Frühstück, die Frokost bzw. das Mittagessen, das Aftensmad oder Middag als Abendessen, diverse Mellemmåltider, die man Zwischenmahlzeiten nennt, und das Natmad oder Nachtmahl. Ja richtig, das Abendessen wird Middag genannt. In einigen Gegenden bezeichnet der Begriff das Abendessen mit Freunden, Kollegen oder Geschäftspartnern, das gern warm und mit mehreren Gängen serviert wird. Für Deutsche klingt das ungewöhnlich.

Dänemark ist zwar ein Industrieland, es war aber auch immer ein Agrarland, welches in drei Himmelsrichtungen vom Meer umschlossen ist. Deshalb wird dort traditionell Fischfang betrieben. Das spiegelt sich in der Küche wider. Sie ist reich an saisonalem Gemüse und Früchten, Fisch und heimischem Geflügel und Fleisch.

Seit dem Mittelalter war es in nordischen Ländern üblich, zwei warme Hauptmahlzeiten am Tag einzunehmen. Serviert wurden warme Mahlzeiten mit unterschiedlichen Gerichten. Eine davon am Vormittag und eine am Abend. Frühmorgens gab es ein Frühstück und zwischendurch mehrere Zwischenmahlzeiten. Der Tag endete mit einem kleinen Imbiss.

Es war auf dem Land bis weit ins 20. Jahrhundert Brauch, Snacks und belegte Brote mit zur Feldarbeit zu nehmen. Aufbewahrt wurden sie in einer hölzernen Kiste, die Tejne genannt wurde. In der Leijle, einem kleinen Fass, lagerten Bier und Wasser.

Den Namen Frokost assoziieren viele Deutsche mit dem Wort Frühstück. Tatsächlich stammt das moderne Wort vom mittelniederdeutschen Vrokost aus dem 16. Jahrhundert ab, was »frühe Mahlzeit« bedeutet. Aber in Anbetracht der Tatsache, dass es zwei (warme) Hauptmahlzeiten gab, handelte es sich dabei um die frühe Hauptmahlzeit am späten Vormittag.

Die Zeiten änderten sich und etwa im 19. Jahrhundert wurde die Frokost zu der Mahlzeit, die in der Mitte des Tages gegessen wurde. Im Zuge der Industrialisierung hatten die Menschen keine Zeit mehr für eine warme Mittagsmahlzeit.

Außerdem waren Lebensmittel immer weniger ein Teil des Lohnes. Und so entwickelte sich der Brauch, kalte Speisen, wie zum Beispiel das Smørrebrød, einen Salat oder Frikadellen aus Fisch oder Fleisch in der Tagesmitte zu essen.

Für die Bezeichnung »Middag« für das Abendessen oder Aftensmad konnte ich keine logische Erklärung finden. Das Abendmahl ist die Hauptmahlzeit des Tages. Die Familienmitglieder kommen zusammen, essen und tauschen sich zu den Ereignissen des Tages aus. Kinder lernen bei den Mahlzeiten im Kreis der Familie den Wert gemeinsamer Gewohnheiten, die Sicherheit geben. Und es werden sanft Tischmanieren eingeübt, die zum Ziel haben, die Bedürfnisse anderer Menschen zu respektieren.

Ungewohnt ist für die Nicht-Einheimischen, dass während des Essens sehr oft Skål gerufen wird. Dann wird erwartet, dass man das Glas hebt und mittrinkt, auch wenn man gerade den Mund gefüllt hat.

BROT

DIE DÄNEN UND DAS BROT

1984 fand man bei Renovierungsarbeiten auf Schloss Rosenborg in Kopenhagen in einer Wand das älteste Lunchpaket Dänemarks. Der Fund war eine Sensation! Obwohl die Scheiben hart wie Stein waren, konnte man deutlich erkennen, dass die Klappstulle aus Roggenbrot mit Fett beschmiert war.

Die Zeitung, in die das Brot damals eingewickelt wurde, war noch lesbar. Es handelte sich um die Ausgabe eines sozialdemokratischen Blattes vom 22. August 1886, in der es um Arbeiter-Demonstrationen in Brüssel ging. Die Forscher gehen davon aus, dass ein Arbeiter sie bei den Bauarbeiten vergessen hat.

Aber zu den Anfängen! Es wird erzählt, dass bereits die Wikinger Brot aus Roggen gebacken haben. Allerdings darf man sich das nicht so schmackhaft wie heute vorstellen. Im Wikingermuseum in Ribe bekommt man einen Einblick in diese Zeit. Das Getreide wurde zwischen großen Steinen gemahlen und das Mehl war eher grob. Nicht selten gerieten auch Steinabrieb und kleine Steinchen ins Mehl. Es waren flache Fladenbrote, die häufig in Milch oder Wasser getunkt wurden, um gut essbar zu sein. Später tauchten Mönche das Brot in warmes Bier und hatten die erste warme Mahlzeit des Tages. Sicher ist, dass schon während der Wikingerzeit der Roggenanbau intensiviert wurde. Wer weiß, vielleicht hatten die Wikinger sogar Roggenbrot dabei, als sie sich auf den Weg nach England machten? Schließlich war es lange haltbar.

Roggen war das Getreide, das man im Norden am besten anbauen konnte. Er ist widerstandsfähiger gegen Kälte als Weizen und enthält mehr Ballast- und Nährstoffe. Ein Grund, warum der Roggen und das Roggenbrot in Dänemark immer einen festen Platz hatten, wenn auch lange Zeit nur als nahrhafte Möglichkeit, den Hunger der ärmeren Bevölkerung zu stillen. Im 19. Jahrhundert wurde auf 25 Prozent der Landfläche Dänemarks Roggen angebaut, um das Jahr 1900 sank der Anteil auf 20 Prozent und um 1940 waren es nur noch 10 Prozent.

Der Rückgang des Roggenanbaus war nicht verwunderlich, denn im 19. Jahrhundert wurde der Weizenanbau intensiviert. Auch wenn das Weizenbrot anfangs nur reichen Bevölkerungsschichten vorbehalten war, wurde es immer beliebter. Zunächst servierte man es nur zu feierlichen Anlässen, denn es war teuer und etwas Besonderes. Dank der Erfindung der Hefe durch Pasteur, der Industrialisierung, der Entwicklung von Düngern und der Motorisierung in der Landwirtschaft konnte das Getreide effizienter angebaut, gemahlen und gebacken werden. Viele Jahre war das Roggenbrot kein Liebling der Dänen, denn es galt als das Brot der Arbeiter.

Anfang bis Mitte der 2000er-Jahre entdeckte man im Rahmen von Gesundheitskampagnen das Roggenbrot neu. Aber nicht nur das Brot erlebte eine Renaissance. Etwa zeitgleich wurde die alte dänische Küche neu entdeckt und interpretiert. Angetrieben durch Claus Meyer und einer Reihe weiterer Kopenhagener Köche entstand 2004 das Manifest für die »Neue Nordische Küche«, die weltweit Ruhm erlangt hat. Lokale, natürliche und saisonale Produkte sollten die Grundlage sein, es ging um Reinheit, Einfachheit und Frische.

Heute essen mehr als die Hälfte der Dänen täglich Roggenbrot.

Selbstverständlich wird auch in Dänemark das beste Roggenbrot mit Sauerteig gebacken. Es gibt so gute Schwarzbrote in meinem Lieblingsland, dass ich sie schon als Delikatessen bezeichnen würde. Smørrebrød ist, im wahrsten Sinne des Wortes, in aller Munde. Im Royal Smushi Café in Kopenhagen gibt es sogar Smushi, eine Mischung zwischen Smørrebrød und Sushi.

Kopenhagen-Besucher sollten auch im Arbeitermuseum vorbeischauen. In einer Vitrine lagert dort das älteste Lunchpaket oder die älteste Roggenbrotstulle Dänemarks.

FRANSKBRØD

Französisches Brot

Dieses weiche und saftige Weizenbrot kann man überall in Dänemark kaufen. Oft ist es bestreut mit weißem Mohn, es wird allerdings auch mit blauem Mohn, Sesam oder ganz ohne Körner und Saaten verkauft. Es ist wirklich einfach zu backen, hält sich 2–3 Tage und eignet sich zum Toasten. Der Teig ist sehr weich und lässt sich kaum formen. Wieso es französisches Brot heißt? Getreide wurde schon früh in Dänemark gemahlen – nicht besonders fein, aber das war für Roggenbrot auch nicht entscheidend. Erst als Mühlsteine aus Frankreich importiert wurden, war es möglich, besonders feines Mehl zu mahlen und dieses Weizenbrot zu backen.

Zubereitung 20 Minuten | Schwierigkeitsgrad einfach

FÜR 1 BROTLAIB

2 TL Zucker
20 g Hefe
300 ml lauwarme Milch
1 Prise Liebe
400 g Weizenmehl Type 550
8 g Salz
35 g weiche Butter
40 g weißer Mohn

ZUBEREITUNG

Den Zucker und die Hefe in der lauwarmen Milch auflösen. Einige EL Mehl einrühren und für 10 Minuten zur Seite stellen.

Das restliche Mehl und das Salz mischen. Zusammen mit der Butter zum Vorteig geben und etwa 10 Minuten in der Küchenmaschine kneten. Den Teig mit Frischhaltefolie abdecken und 30 Minuten gehen lassen.

Den Teig auf eine leicht bemehlte Arbeitsfläche legen und auseinanderziehen. Ein Drittel dann zur Mitte legen und das zweite darüber falten. Dann den Teig in die andere Richtung ziehen und den Vorgang wiederholen.

Nun den Teig in eine längliche Form bringen und in eine Kastenform legen. Mit Wasser bestreichen und mit Mohn oder Sesam bestreuen. Erneut mit Folie abdecken und 45 Minuten gehen lassen. Kurz vor dem Einschieben in den Backofen den Brotlaib mit einer Rasierklinge oder einem scharfen Messer mittig etwa 5–10 mm tief einschneiden.

Den Backofen auf 240 °C Umluft vorheizen. Das Brot auf der mittleren Schiene zunächst 10 Minuten backen, dann die Temperatur auf 190 °C reduzieren und 15 Minuten weiterbacken. Das Brot ist fertig, wenn es eine Kerntemperatur von 95–97 °C hat.

TIPP

Nach 20 Minuten Backzeit nehme ich das Brot aus der Form und backe es ohne diese weiter.

SKAGENSLAPPER

Brötchen mit Sonnenblumenkernen und Mohn

Skagenslapper sind einfache Frühstücksbrötchen mit einem Boden aus Sonnenblumenkernen, die oben mit einer Mischung aus Sesam und Mohn bestreut sind. Der Teig ist sehr weich und lässt sich schwer formen.

Gesamtzeit etwa 12 Stunden | Gehzeit etwa 11 Stunden | Schwierigkeitsgrad mittel

FÜR 10 BRÖTCHEN

10 g frische Hefe
1 TL Zucker
400 g Weizenmehl Type 550
150 g Weizenmehl Type 1050
11 g Salz
1 Prise Liebe
1 EL Essig, 5 %
150 g Sonnenblumenkerne
1 Ei Größe M
blauer Mohn

TIPP

Vollständig ausgekühlte Skagenslapper sofort einfrieren. Nach dem Auftauen ganz leicht mit Wasser bestreichen und 10 Minuten bei 200 °C Umluft aufbacken.

ZUBEREITUNG

Die Hefe und den Zucker in 400 ml lauwarmem Wasser auflösen. Einige EL Mehl einrühren und für 10 Minuten zur Seite stellen.

Das restliche Mehl mit Salz mischen und auf den Vorteig streuen. Essig hinzugeben und die Zutaten in der Küchenmaschine bei mittlerer Geschwindigkeit 10 Minuten kneten.

Den Hefeteig in eine gut verschließbare Schüssel legen und 45 Minuten bei Zimmertemperatur gehen lassen.

Danach den Teig auf einer leicht bemehlten Arbeitsfläche zu einem großen Rechteck ausziehen. Ein Drittel zur Mitte legen, das andere darüberfalten. Den Vorgang nach einer Vierteldrehung des Teiges wiederholen.

Die Schüssel leicht ölen, den Teig hineinlegen, den Deckel aufsetzen und für 10 Stunden in den Kühlschrank stellen.

Die Sonnenblumenkerne gut mit Wasser spülen, dann abtropfen lassen. Den Teig wie schon zuvor dehnen und falten, bevor er weitere 30 Minuten ruht.

10 Stücke vom Hefeteig abstechen und, ohne zu kneten, in die Form eines Brötchens drücken. Den Boden der Teiglinge in Sonnenblumenkerne pressen, damit sie daran haften. Anschließend mit ausreichend Abstand auf ein Backblech legen.

Das Ei verquirlen. Die Teiglinge damit bestreichen. Den Mohn mit dem Sesam mischen und die Brötchen gut mit der Mischung bestreuen.

Den Backofen auf 220 °C Umluft vorheizen und eine Schüssel mit Wasser auf den Boden des Ofens stellen. Die Skagenslapper in etwa 18 Minuten goldbraun backen. Nach 10 Minuten Backzeit die Schüssel Wasser entfernen und den Dampf ablassen. Die Brötchen sind fertig, wenn sie eine Kerntemperatur von etwa 94 °C haben.

RUGBRØD

Roggenbrot

Es gibt viele Sorten Roggenbrot in Dänemark. Rugbrød ist für Smørrebrød und Håndmadder unersetzlich. Aber auch nur mit Butter bestrichen ist es ein Genuss. Dieses Rezept kommt ohne Sauerteig aus, braucht aber Zeit! Das zugesetzte Malz gibt zwar auch Geschmack, aber es ist in erster Linie für eine dunkle Färbung nötig und kann weggelassen werden.

Zubereitung 20 Minuten | Ruhezeit 26–27 Stunden | Backzeit 120 Minuten | Schwierigkeitsgrad mittel

FÜR 2 BROTE

315 g angestoßene Roggenkörner
160 g Sonnenblumenkerne
160 g Leinsamen
9 g frische Hefe
500 g Roggenvollkornmehl
13 g Salz
1 Prise Liebe
1 TL dunkles Malz

ZUBEREITUNG

Zunächst 460 ml kochendes Wasser über die Roggenkörner gießen. Die Sonnenblumenkerne und den Leinsamen unterrühren. Die Schüssel abdecken und zur Seite stellen.

Dann in einer zweiten Schüssel 9 Gramm Hefe in 460 g Wasser auflösen und das Roggenmehl einrühren. Die Schüssel ebenfalls abdecken und beide Ansätze für 24 Stunden bei Zimmertemperatur stehen lassen.

Am nächsten Tag den Inhalt beider Schüsseln in eine große Rührschüssel umfüllen. Salz und Malz dazugeben und 10 Minuten kneten beziehungsweise durchmischen.

Den Teig auf zwei gut gefettete Brotformen mit einer Länge von 25 Zentimeter verteilen, abdecken und weitere 2–3 Stunden stehen lassen.

Den Backofen auf 250 °C Ober-/Unterhitze mit Dampf vorheizen und die Brote etwa 15 Minuten backen. Dann die Hitze auf 200 °C reduzieren und weitere 45 Minuten backen. Die Brote aus der Form nehmen und weitere 10 Minuten backen. Bei einer Kerntemperatur von 97 °C ist das Rugbrød durchgebacken.

Die fertigen Roggenbrote vor dem Anschneiden vollständig auskühlen lassen.

TIPP

Wer mag, kann die Brotoberfläche mit eingeweichten Sonnenblumenkernen bestreuen.

WIENERBRØD-GRUNDTEIG

Wienerbrød oder Wienerdej ist eine dänische Spezialität. Entstanden ist sie Mitte des 19. Jahrhunderts, denn 1850 streikten die dänischen Bäcker und die Bäckereien stellten Arbeitskräfte aus anderen Ländern ein. Darunter waren auch Bäcker aus Österreich, die ihre eigenen Rezepte mitbrachten. Aus dem österreichischen Plunderteig entstand dann der Wienerdej oder das Wienerbrød. Die Dänen lernten von den Bäckern aus Österreich die Laminiertechnik, bei der durch mehrmaliges Falten und Ausrollen Schichten entstehen, die nach dem Backen blättrig aufspringen. Außerdem passten die Dänen die Rezepte an ihren Geschmack an und erhöhten die Menge an Ei und Butter – der Wienerdej war geboren. Der Plunderteig unterscheidet sich vom Blätterteig darin, dass der Teig bei der Zubereitung immer kalt bleiben muss.

Zubereitung 90 Minuten | **Schwierigkeitsgrad** mittel

FÜR 1 PORTION GRUNDTEIG

21 g frische Hefe

20 g Zucker

1 Prise Liebe

330 g Weizenmehl Type 550

5 g Salz

1 Ei

280 g kalte Butter

TIPP

Eiskalte Butter lässt sich am besten mit einem Käseschneider oder einer Brotmaschine gleichmäßig schneiden.

ZUBEREITUNG

Die Hefe und den Zucker in 150 ml kaltem Wasser auflösen. Etwas Weizenmehl einrühren und kurz zur Seite stellen.

In der Zwischenzeit das restliche Mehl mit dem Salz mischen. Das Ei und die Mehlmischung zur angerührten Hefe geben und alles zügig zu einem glatten Teig verarbeiten. In Frischhaltefolie wickeln und für 15 Minuten in den Kühlschrank legen.

Nach der Kühlzeit den Teig zu einem Quadrat mit einer Seitenlänge von 45 cm ausrollen. Mit einem Käseschneider die eiskalte Butter in Scheiben schneiden. Die Butterstücke als Quadrat, um 45 Grad versetzt, so auf die Mitte des Teigquadrates legen, dass ein zweites Viereck in der Mitte entsteht. Dabei so viel Teigrand lassen, dass die Ränder zur Mitte eingeschlagen werden können. Jetzt die Teigecken zur Mitte legen, sodass der Teig die Butter vollständig bedeckt. Gut verschließen! Nun den Teig zu einem Rechteck ausrollen. Es dürfen keine Löcher entstehen, weil die Butter sonst herausquillt. Dann die Teigplatte an der kurzen Seite wie einen Brief falten. Zunächst ein Drittel über den Teig legen, das andere darüberfalten. Die Teigplatte in Frischhaltefolie wickeln und für 15–20 Minuten in den Kühlschrank legen.

Die Arbeitsfläche mehlen und den Teig erneut zu einem Rechteck ausrollen. Bevor er auf die gleiche Weise gefaltet wird, das Mehl mit einem Pinsel entfernen. Anschließend wieder kühlen! Diesen Vorgang zweimal wiederholen.

Fertig ist der Grundteig für viele Gebäcke wie Boller, Spandauer, Zimtschnecken, Birkes, Kringle oder Kanelstang.

BIRKES

Plunderbrötchen

Birkes sind dänische Plunderbrötchen, die häufig als Blätterteigbrötchen bezeichnet werden. Es gibt die unterschiedlichsten Sorten. In Jütland sind die Birkes in der Regel ungefüllt und oft werden sie Tebirkes genannt. Auf Sjælland sind sie zumeist mit einer Remonce (eine typisch dänische Füllung aus Zucker und Butter und eventuell Gewürzen, Nüssen und Marzipan) gefüllt und werden als Kopenhagener Birkes bezeichnet.

Zubereitung 185 Minuten | Schwierigkeitsgrad mittel

FÜR 10–11 STÜCK

1 Portion Grundteig Wienerbrød (siehe Seite 20)

1 Prise Liebe

weißer Mohn

blauer Mohn

TIPP

Ganz frisch einfrieren und nach dem Auftauen kurz im Ofen bei 180 °C Umluft aufknuspern!

ZUBEREITUNG

Den Grundteig zu einer Teigplatte mit einem von Maß 20 × 65 cm ausrollen. Die Teigplatte sollte dann 5 mm dick sein.

Die Hände nass machen und den Teig damit bestreichen. Anschließend an der langen Seite eng aufrollen. Mit dem Teigschluss nach unten auf die Arbeitsfläche legen. Nun mit den Händen flach drücken und mit dem Nudelholz noch etwas flacher rollen.

Jetzt die Hände wieder nass machen und die Teigrolle damit bestreichen. Eine Hälfte dick mit weißem Mohn bestreuen, die andere mit Blaumohn. Mit den Händen festdrücken.

Jetzt die Teigrolle mit dem Nudelholz so ausrollen, dass ein Teigstreifen entsteht, der 7 cm breit, 2 cm hoch und etwa 65 cm lang ist. 15 Minuten ruhen lassen und 2 Backbleche mit Backpapier belegen.

Nun 6 cm breite Stücke vom Teigstreifen schneiden und mit großem Abstand auf die Backbleche verteilen. Die Teiglinge mit einem aufgeschnittenen Gefrierbeutel abdecken, damit sie nicht austrocknen. Ein Geschirrtuch darauflegen und 60 Minuten gehen lassen.

Dann den Backofen auf 220 °C Ober-/Unterhitze vorheizen. Ein tiefes Backblech am Boden einschieben. Das Backblech mit den Teiglingen in das untere Drittel des Backofens setzen und 100 ml Wasser in das untere Backblech gießen.

Nach 5 Minuten Backzeit die Backofentür öffnen, den Dampf ablassen und die Temperatur auf 200 °C reduzieren. Die Birkes weitere 10 Minuten backen und mit dem zweiten Blech genauso verfahren.

Auf einem Backgitter auskühlen lassen.

ØLLEBRØD

Bierbrot-Brei

Übersetzt heißt der Name des Breis so viel wie Bierbrot. Es ist eines der ältesten dänischen Gerichte und wird traditionell zum Frühstück gegessen. Die Mönche in den Klöstern hatten die Angewohnheit, ihr trockenes Brot in Wasser und heißes Bier zu tauchen. So entstand vermutlich im 13. Jahrhundert dieser Dessert- oder Frühstücksbrei. In Dänemark wird Hvidøl verwendet und das ist kein Weißbier. Es ist ein süßes Malzbier mit einem etwas höheren Alkoholgehalt. Weil das verwendete Malz weiß und jung ist und so kurz gekeimt hat, dass es noch nicht grün ist, trägt es diesen Namen.

Zubereitung 30 Minuten | Schwierigkeitsgrad einfach

FÜR 4 PORTIONEN

Für den Brei

500 g Roggenbrot
660 ml Malzbier
4 EL Brun Farin (siehe Seite 120)
3 TL Vanillezucker
½–1 TL Zimtpulver
1 Prise Liebe
1 TL Zitronensaft
etwas Zitronenabrieb
1 Prise Salz

Für das Topping

150 g leicht geschlagene süße Sahne
2 Äpfel, in Würfel geschnitten

ZUBEREITUNG

Zunächst das Roggenbrot in kleine Würfel schneiden und mit 700 ml Wasser und dem Bier übergießen. Mindestens 15 Minuten quellen lassen.

Brun Farin, Vanillezucker und Zimtpulver dazugeben. Bei mittlerer Temperatur 15 Minuten kochen. Hin und wieder umrühren.

Mit Zitronensaft, Zitronenabrieb und Salz abschmecken und bei Bedarf pürieren.

In Schalen füllen, einen Klecks Sahne daraufgeben und die Apfelwürfel darüberstreuen.

TIPP

Øllebrød schmeckt fantastisch mit Beeren und Milch oder Crème fraîche.

SMØRREBRØD,

UND DIE

HÅNDMADDER

SMØRREBRØDJOMFRU

SMØRREBRØD, HÅNDMADDER UND DIE SMØRREBRØDJOMFRU

Wir sprechen hier nicht von einfachen, belegten Broten, sondern einem wichtigen Teil der dänischen Kultur und Tradition. Es geht um eine Herzensangelegenheit der Dänen. Smørrebrød ist weit über die Grenzen des Landes bekannt. Der Name setzt sich aus den Wörtern »Smør« für Butter und »Brød« für Brot zusammen. In der Regel wird es mit Schwarzbrot zubereitet und es gibt viele Arten von Smørrebrød, die unterschiedliche Namen haben.

Ursprünglich war das Smørrebrød ein mit Butter bestrichenes Brot, das man aus der Hand aß. Später kamen Aufstriche, Wurst und Käse dazu. Diese Form des flach belegten Smørrebrød nennt man Håndmadder. Die Klappstulle, wie wir sie kennen, wird auch Klapsammen genannt. Pindemadder sind kleine Brotstücke, die mit einem Holzstäbchen zusammengehalten werden. Sie sind das typische Fingerfood auf Empfängen. Smørrebrødslagkage heißen Weizenbrotscheiben, die mit Belag dazwischen zu einer Torte geschichtet werden.

Besonders beliebt in Dänemark ist das Kartoffelmad. Dabei wird eine Scheibe Schwarzbrot mit Pellkartoffelscheiben belegt und in der Grundversion mit Remoulade oder Mayonnaise, frischen Zwiebeln, Röstzwiebeln sowie Kräutern und manchmal mit Speckwürfeln verfeinert.

Das Landgangbrød ist eine Smørrebrød-Variante, die in den 1950er-Jahren sehr beliebt war und gerade ein kleines Revival erlebt. Statt Schwarzbrot wird ein längliches Weizenbrot verwendet, dessen Hälften reichhaltig und der Länge nach mit unterschiedlichen Zutaten belegt werden. Wie beim Landgang fängt man mit Fisch an und arbeitet sich zu Fleisch und Geflügel durch.

Die bekannteste Form dieser »Butterbrote« ist das hoch belegte Smørrebrød, das Ende des 19. Jahrhunderts vermutlich in Kopenhagen erfunden wurde. Als Erfinder wird häufig Oskar Davidsen genannt, der 1888 ein Smørrebrød-Geschäft in Nørrebro eröffnete.

Klangvolle Namen wie »Dyrlægens natmad« – das Nachtmahl des Tierarztes, »Stjerneskud« – Sternschnuppe oder »Sol over Gudhjem« – Sonne über Gudhjem stehen für einige Klassiker der Luxusbrote. Smørrebrød wird mit Messer und Gabel gegessen.

Die Zutaten für Smørrebrød müssen immer frisch und von höchster Qualität sein. Grundsätzlich gehören für traditionelle, hoch belegte Smørrebrød folgende Zutaten zusammen:

- Æg og rejer: Roggenbrot, Scheiben von hart gekochten Eiern, Krabben, Mayonnaise, Tomatenscheibe, Kresse und eine Zitronenscheibe
- Roggenbrot, marinierter Hering, Karrysalat, Kapern, Zwiebelringe, hart gekochtes Ei und Rote Bete
- Franskbrød oder Sauerteigbrot, Lachs, geräuchert oder roh, Dill, Spargel und Rævesovs (Dill-Senf-Sauce)
- Dyrlægens natmad: Roggenbrot, Leberpastete, Saltkød (gepökeltes Rindfleisch), Sky (gelierter Bratensaft, siehe Seite 52), gebratene Champignons, Speck, Rote Bete oder rohe Gurke
- Spegepølse: Roggenbrot oder Baguette, Salami, Sky, Zwiebelringe, Kresse
- Rullepølse: Roggenbrot oder Baguette, Aufschnitt von gerolltem Schweinebauch mit Kräutern, Sky, Zwiebelringe, Kresse
- Hønsesalat: Roggenbrot oder Franskbrød, Hühnerfleischsalat, Speck, geröstete Champignons, dünne Paprika-/Tomatenstreifen
- Roggenbrot, Roastbeef, Remoulade, Essiggurken, geriebener Meerrettich, Röstzwiebeln, Gurkensalat

- Sprængt kalve-/oksebryst: Roggenbrot, gepökelte Spitzbrust vom Kalb/Rind, Meerrettich (Salat), Essiggurken
- Flæskesteg: Roggenbrot, Scheiben vom Schweinekrustenbraten, Rotkohl, Pflaumen, Gurkensalat
- Roggenbrot, Frikadelle, Rotkohl, Rote Bete, Gurkensalat, Asie (Senfgurke), kleine eingelegte Gurken
- Roggenbrot, Fischfilet, Remoulade und Zitrone oder Mayonnaise, Spargel und Kaviar/Garnelen

Verziert werden die Brote mit Saucen, Remoulade, Mayonnaise, Kräutern, Sprossen, Orangen-, Zitronen-, Tomaten- und Gurkenscheiben. Neben den traditionellen Broten gibt es natürlich auch experimentelle Varianten und moderne Abwandlungen.

Die Smørrebrødjomfru

Das Belegen von Smørrebrød ist nicht einfach nur das Zusammenlegen von Zutaten auf einem Brot. Es ist eine hohe Kunst. Es gibt dafür sogar den Ausbildungsberuf Smørrebrødjomfru – die Smørrebrød-Jungfrau. Sie lernt nicht nur, wie man Brote belegt, sondern auch wie die Beläge, Salate und Aufstriche zubereitet werden. Das Belegen erfordert Geduld, Kreativität sowie Präzision. Der Fokus liegt auf Ästhetik, der Anordnung der Zutaten und dem Geschmack. Diese Ausbildung dauert mehrere Jahre, in denen verschiedene Techniken und Traditionen erlernt werden, um das perfekte Smørrebrød zu kreieren. Die Smørrebrødjomfru ist auch die Königin des Buffets und der Salatbar. Außerdem zaubert sie noch andere kalte und warme Gerichte sowie sensationelle Desserts.

In Dänemark wird das Belegen von Smørrebrød so ernst genommen, dass es sogar Wettbewerbe gibt, bei denen die besten Smørrebrød-Künstler gekürt werden.

Im Jahr 2012 wurden Abbildungen von verschiedenen Varianten des Gerichts auf Briefmarken veröffentlicht: Smørrebrød mit Ei und Garnelen, Rullepølse, Kartoffelscheiben und Roastbeef. Die Preise für diese Briefmarken lagen zwischen 6 und 16 Dänischen Kronen.

Aber wie können wir lernen, zumindest passable Smørrebrød zuzubereiten? Ein Anfang wäre ein Kurs. Aber es wäre schon ein großes Glück, wenn einer im Urlaub in der Nähe des Urlaubsortes angeboten werden würde. Ich lerne durch Nachahmung. Dazu nehme ich gekaufte Brote Schicht für Schicht auseinander und fotografiere die einzelnen Schritte. In umgekehrter Reihenfolge betrachtet, habe ich dann eine Anleitung für das Belegen des Smørrebrød. Benötigt werden zum Belegen der Brote außer den Zutaten diverse Messer, ein scharfer Gemüsehobel und idealerweise eine Schneidemaschine.

HESTEHOVED STRANDBAD

SMØRREBRØD MED ÆG OG REJER

Smørrebrød mit Ei und Garnelen

Dieses Brot gehört zu meinen Lieblingen. Ich mag die Kombination von Ei mit Meeresfrüchten! Und gleich gibt es auch einen Fachbegriff aus der Smørrebrød-Zubereitung. Springer sind dünne, aufgeklappte Gemüse- oder Obstscheiben, die zur Dekoration auf das Brot gesetzt werden. Die Mayonnaise sorgt dafür, dass die Garnelen an Ort und Stelle bleiben.

Zubereitung 10 Minuten | Schwierigkeitsgrad einfach

FÜR 1 STÜCK

½ Scheibe Roggenbrot
Butter
1 kleines Salatblatt
1 gekochtes Ei
Mayonnaise
30–40 g Garnelen
1 Zitronenscheibe
1 Prise Liebe
1 Scheibe Salatgurke
1 Tomatenviertel
1 TL Kaviar

1 kleines Büschel Kresse zur Dekoration

ZUBEREITUNG

Das Roggenbrot buttern und so mit dem Salatblatt belegen, dass es herausschaut.

Das Ei pellen und mit einem Eierschneider in Scheiben teilen. Die Scheiben überlappend auf das Salatblatt legen und Mayonnaise darauf verteilen.

Darüber die Garnelen streuen. Die Zitronenscheibe und die Scheibe Salatgurke übereinanderlegen, bis zur Mitte einschneiden und zum Springer aufklappen. Zusammen in der Mitte des Brotes platzieren. Das Tomatenviertel dahinterlegen. Den Kaviar vorne an die Zitronenscheibe legen und mit Kresse dekorieren.

TIPP

Statt der Kresse einen Dillzweig für die Dekoration verwenden und das Ei wachsweich kochen.

SKINKESALAT

Dänischer Schinkensalat

Ich verwende für dieses Rezept einen guten, gekochten Schinken vom Fleischer. Ich lasse ihn mir dort in so dicke Scheiben schneiden, wie die Würfel dick sein sollen. In manchen Gegenden Dänemarks wird noch ein gekochtes und gehacktes Ei unter den Salat gehoben.

Zubereitung 10 Minuten | **Schwierigkeitsgrad einfach**

FÜR 4 PERSONEN

200 g gekochter Schinken
1 Prise Liebe
1 kleine rote Zwiebel
1 kleine Essiggurke
½ Bund Schnittlauch
100 g Mayonnaise
50 g Crème fraîche
1 TL mittelscharfer Senf
Salz und Pfeffer

ZUBEREITUNG

Den gekochten Schinken und die Zwiebel in kleine Würfel schneiden. Die Essiggurke und den Schnittlauch fein hacken.

Mayonnaise, Crème fraîche und den Senf verrühren. Dann die anderen Zutaten unterheben, mit Salz und Pfeffer abschmecken und 2 Stunden im Kühlschrank durchziehen lassen.

TIPP

Schmeckt auch toll zu Nudeln!

KARRYSILD

Curryhering

Dieser Brotaufstrich schmeckt sensationell und er ist typisch dänisch. In jeder Kühltheke ist er zu finden, aber natürlich schmeckt er hausgemacht am besten. In Dänemark isst man ihn zu Weihnachten, Ostern oder Pfingsten und auch an allen anderen Tagen! Er ist auf vielen Buffets zu finden. Bei uns zu Hause essen wir Karrysild gerne zu Pellkartoffeln als Mittagessen. Die Mengenangaben für Crème fraîche und Mayonnaise sind variabel und können vertauscht werden.

Zubereitung 10 Minuten | Schwierigkeitsgrad sehr einfach

FÜR 4 PORTIONEN

2–3 EL neutrales Pflanzenöl
2 EL Currypulver
4 EL Crème fraîche
2–3 EL Mayonnaise
½ TL gemahlener Kurkuma
½ TL Zucker
1 Prise Liebe
50 g Gurke, klein gehackt
½ Apfel, fein gewürfelt
1 EL Kapern, fein gehackt
300–350 g saurer Hering
Salz und Pfeffer

Schnittlauch für die Dekoration

ZUBEREITUNG

Das Öl in einer Pfanne erhitzen und das Currypulver darin etwa 1 Minute braten. Anschließend abkühlen lassen.

Dann die Crème fraîche mit Mayonnaise, Curryöl, Kurkuma, Zucker, Gurke, Apfel und Kapern verrühren. Mit Salz und Pfeffer abschmecken.

Danach den Hering mit etwas Küchenpapier trockentupfen und in mundgerechte Stücke schneiden. Die Heringsstücke unterheben und den Karrysild 2–3 Stunden im Kühlschrank ziehen lassen.

Mit Schnittlauchröllchen bestreuen und mit Roggenbrot servieren.

TIPP

Statt Crème fraîche verwende ich gern saure Sahne, dann gebe ich aber mehr Mayonnaise dazu.

KARRYSALAT

Currysalat

Karrysalat gehört zu den Verkaufsschlagern in dänischen Supermärkten. Aber wer weiß, dass er schnell gemacht ist und selbst gemacht viel besser schmeckt, nimmt sich die Zeit. Zu Hause essen wir ihn gern auf Brot und zu Kartoffeln. Für die Dänen darf er auf keinem Familienfest, zu Weihnachten und Ostern fehlen. Er passt perfekt zu eingelegtem, salzigem oder saurem Hering und ist zusammen mit Pellkartoffeln ein Festessen.

Zubereitung 15 Minuten | Schwierigkeitsgrad sehr einfach

FÜR 4 PORTIONEN

2 Eier
4 EL Mayonnaise
3 EL Crème fraîche
1 EL Currypulver
1 Prise Zucker
Salz, Pfeffer
1 Prise Liebe
½ Apfel, fein gewürfelt
2 EL Cornichons, fein gehackt
1 kleine Zwiebel, fein gehackt
1 EL Kapern, gehackt

ZUBEREITUNG

Die Eier 8 Minuten kochen, dann abschrecken und abkühlen lassen.

Die Mayonnaise mit der Crème fraîche, dem Currypulver und 1 Prise Zucker zu einem glatten Dressing verrühren. Mit Salz und Pfeffer abschmecken.

Apfel-, Cornichons- und Zwiebelwürfel sowie die Kapern vermischen. Die Eier pellen, in kleine Würfel schneiden und dazugeben.

Jetzt das Curry-Dressing unterheben und den Karrysalat für mindestens 30 Minuten in den Kühlschrank stellen.

Kurz vor dem Servieren noch einmal mit Salz und Pfeffer abschmecken.

TIPP

Ich gebe zusätzlich 1 TL gemahlenen Kurkuma an das Salatdressing.

HØNSESALAT

Dänischer Hühnerfleisch-Salat

Dieser Hühnerfleisch-Salat gehört wie alle anderen in diesem Buch zu den klassischen dänischen Brotaufstrichen. Gut geeignet für übrig gebliebenes Hähnchenfleisch und sensationell schnell gemacht!

Zubereitung 25 Minuten | Schwierigkeitsgrad einfach

FÜR 4 PERSONEN

2 Hähnchenbrustfilets
1 TL Gemüsebrühe-Pulver
5 Pfefferkörner
3 Pimentkörner
1 Prise Liebe
1 unbehandelte Zitrone
250 g frische Champignons
Fett zum Braten
½ Glas weißer Spargel (110 g Abtropfgewicht)
120 g Frischkäse
2 EL Crème fraîche
4–5 EL Mayonnaise
1 TL Senf
1 Prise Zucker
Salz und Pfeffer zum Abschmecken
150 g Bacon

ZUBEREITUNG

Die Filets zusammen mit dem Gemüsebrühepulver und den Gewürzen in einen Topf legen. 500 ml Wasser dazugießen und den Topfinhalt aufkochen. Dann die Filets bei niedriger Temperatur 15 Minuten gar ziehen lassen und einmal wenden. Nach der Kochzeit die Hähnchenbrustfilets abkühlen lassen.

Die Zitrone waschen, abtrocknen, etwas Schale abreiben und die Hälfte der Frucht auspressen. Anschließend die Pilze abbürsten, in Scheiben schneiden und mit wenig Fett in der Pfanne anbraten. Die Champignons abkühlen lassen.

Nun den Spargel abgießen und die Flüssigkeit auffangen. Die Hälfte des Glasinhalts in kleine, schräge Stücke schneiden.

In einer separaten Schüssel Frischkäse, Crème fraîche, Mayonnaise, Senf, Zucker und 1 EL Spargelwasser glatt rühren. Mit Salz, Pfeffer und 1–2 EL Zitronensaft abschmecken.

Die Brustfilets in kleine Stücke schneiden und zusammen mit dem Spargel und den Pilzen unter das Dressing rühren. Den fertigen Salat in den Kühlschrank stellen.

Kurz vor dem Servieren die Baconscheiben knusprig braten, abkühlen lassen und dann in Stücke brechen.

Eine Scheibe Brot mit dem Salat bestreichen und den knusprigen Bacon darüberstreuen.

TIPPS

**Noch würziger wird der Salat mit einem Spritzer Worcestersauce.
Der Salat schmeckt super zu Pellkartoffeln!**

ITALIENSK SALAT

Italienischer Salat

Warum dieser Brotaufstrich in Dänemark als »Italienischer Salat« bezeichnet wird, obwohl er anderswo Russischer Salat heißt, ist nicht ganz klar. Ich habe nachgefragt, und mir wurde erklärt, dass die Farben an Italien erinnern. Dänen sind Individualisten und der Salat darf, gleichgültig wie er heißt, zu keiner Frokost fehlen.

Zubereitung 20 Minuten | Schwierigkeitsgrad einfach

FÜR 4 PERSONEN

250 g Karotten
200 g Erbsen
1 Glas weißer Spargel (220 g Abtropfgewicht)
120 g saure Sahne
120 g Mayonnaise
1 TL Senf
1 Prise Liebe
1 TL Zucker
1 TL Essig
Salz und Pfeffer

Karottengrün oder Petersilie zum Garnieren

ZUBEREITUNG

Die Karotten waschen, schälen und fein würfeln. In einem Topf 1 l Wasser mit 10 g Salz zum Kochen bringen. Dann 200 g Karottenwürfel für 3 Minuten in das Kochwasser geben. Zum Schluss für 30 Sekunden die Erbsen mitkochen. Das Gemüse abgießen und kurz in Eiswasser legen. Anschließend in einem Sieb abtropfen lassen.

Den Spargel in kleine Stücke schneiden und zur Seite stellen.

In einer Schüssel saure Sahne, Mayonnaise, Senf, Zucker und Essig verrühren und mit Salz und Pfeffer abschmecken. Für mindestens 30 Minuten in den Kühlschrank stellen.

Kurz vor dem Servieren erneut abschmecken und mit Karottengrün oder Petersilie servieren.

TIPP

Mit kalten Nudeln vermischt wird daraus ein leckerer Nudelsalat, mit Kartoffeln der Salat Olivier.

LEVERPOSTEJ

Leberpastete

Diese dänische Spezialität wurde im 19. Jahrhundert von dem in Kopenhagen lebenden Franzosen François Louis Beauvais, dem Vater des Konservenfabrikanten, erfunden. Ursprünglich ein Essen für reiche Leute, weil die Zubereitung sehr aufwendig war. Damals wurde das Fleisch von Hand mit einem Messer fein gehackt. Der etwa zeitgleich erfundene Fleischwolf setzte sich etwas später durch und sorgte dafür, dass die Preise für Leberpastete sanken. Noch günstiger wurde die Leverpostej, als besonders viel Schweineleber wegen des stark gestiegenen Exports von Speck nach England anfiel. Und als ab 1900 die ersten Leberpasteten-Fabriken in Betrieb gingen, wurde Leberpastete für alle erschwinglich. Leverpostej ist ein Stück dänisches Kulturgut und wurde 1992 zum beliebtesten Brotbelag gewählt. Wurde sie früher vor allem zu Weihnachten und Ostern gegessen, ist sie heute von den Tischen der Dänen im Alltag nicht wegzudenken. Wir essen sie nicht nur auf Roggenbrot, sondern auch warm, zu selbst gemachtem Kartoffelbrei.

Vorbereitungszeit 10 Minuten | Gefrierzeit 20 Minuten | Schwierigkeitsgrad sehr einfach

FÜR 10 PORTIONEN

100 g Butter
80 g Weizenmehl
500 ml Milch
500 g rohe Schweineleber
200 g grüner Speck
250 g Zwiebeln, gehackt
2 Eier
7–10 g Salz
½ TL Zucker
1 Prise Liebe
¼–½ TL gemahlener Pfeffer
1 TL gemahlener Piment
1 Msp. gemahlene Nelken
1 Prise geriebene Muskatnuss

2 Scheiben Bacon

ZUBEREITUNG

Die Butter in einem Topf schmelzen, das Weizenmehl einrühren. Wenn sich beide Zutaten gut verbunden haben, portionsweise die Milch dazugeben. Nach jeder Milchgabe unter ständigem Rühren die Mehlschwitze aufkochen. Etwas abkühlen lassen und hin und wieder umrühren!

Den Backofen auf 180 °C Ober-/Unterhitze vorheizen und eine große oder mehrere kleine Auflaufformen bereitstellen.

In der Zwischenzeit die Leber und den fetten Speck in kleine Stücke schneiden. Zusammen mit den Zwiebeln in der Küchenmaschine pürieren oder zweimal durch den Fleischwolf drehen.

Die Eier, Salz und Gewürze in die Lebermasse rühren. Anschließend die leicht abgekühlte Mehlschwitze unterrühren.

Den Teig in eine große oder mehrere kleine Auflaufformen füllen. Mit Bacon belegen, auf ein Backblech stellen und dieses dann in das untere Drittel des Backofens schieben.

Die Backzeit beträgt bei einer großen Auflaufform etwa 90 Minuten, bei einer kleinen etwa 45 Minuten. Die Leverpostej ist fertig, wenn eine Kerntemperatur von 80 °C erreicht ist.

TIPPS

Mit 2–3 Sardellenfilets wird die Leverpostej noch geschmackvoller. Das Rezept kann auch mit Kalbsleber zubereitet werden.

MAKRELSALAT

Makrelensalat

Dieser Brotaufstrich fällt sofort ins Auge, wenn der Blick über das Kühlregal im Supermarkt streift. Häufig wird er in durchsichtigen Kunststoffbehältern verkauft. Auffällig ist dabei die Schichtung: Unten der rotbraune Makrelensalat, oben eine fast ebenso dicke Schicht Mayonnaise. Selbst gemacht schmeckt er viel besser als jedes gekaufte Produkt! Wenn es schnell gehen muss, stellen viele Dänen den Makrelsalat selbst her. Dazu verwenden sie häufig eine Dose Makrelen in Tomatensauce und verrühren diese mit Mayonnaise. Aber es geht noch besser!

Zubereitung 25 Minuten | Schwierigkeitsgrad einfach

FÜR 4 PORTIONEN

2 Makrelenfilets
Salz

Für die Tomatensauce

1 kleine Zwiebel, fein gewürfelt
2 EL Olivenöl
2 EL Tomatenmark
2 Tomaten, gehackt
1 Prise Liebe
1 Dose gehackte Tomaten
1 TL Paprikapulver
1 TL frischer Thymian, gehackt
1 TL Salz
1 Prise Zucker
1 Prise Pfeffer aus der Mühle

Für das Topping

120 g Mayonnaise
¼ TL Zitronenabrieb
1 Spritzer Zitronensaft
1–2 EL gehackter Dill

ZUBEREITUNG

Die Makrelenfilets abtupfen und zweimal durchschneiden. Dann mit etwas Salz bestreuen und zur Seite stellen.

Die Zwiebelwürfel im Öl bei mittlerer Temperatur glasig anschwitzen und an den Rand der Pfanne schieben. Das Tomatenmark in die Mitte geben und ebenfalls anbraten. Die gehackten Tomaten dazugeben und alles verrühren. Wenn die Flüssigkeit verdampft ist, die Dosentomaten hinzufügen. Das Paprikapulver, den Thymian, Salz und Zucker unterrühren und die Tomatensauce aufkochen. Den Deckel auf den Topf legen und die Sauce 30 Minuten bei niedriger Temperatur kochen lassen.

Danach den Topf vom Herd ziehen und den Topfinhalt mit einem Stabmixer glatt pürieren. Ohne Deckel noch etwa 30 Minuten weiter köcheln, bis die Sauce eindickt. Erneut mit Salz, Pfeffer und Zucker abschmecken.

Die Fischfilet-Stücke in die Tomatensauce legen und nach 1 Minute den Herd ausschalten. Umrühren und dann abkühlen lassen. Die Makrelenfilets mit zwei Gabeln in kleine Stücke reißen, die Tomaten-Fisch-Sauce in eine verschließbare Schüssel umfüllen und in den Kühlschrank stellen.

Die Mayonnaise mit Zitronenabrieb, Zitronensaft und Dill verrühren und bis zur Verwendung kühlen. Den Makrelsalat in einem Glas anrichten und die Mayonnaise daraufgeben.

Dieser Brotbelag wird mit Roggenbrot serviert.

TIPP

Ich verwende Brun Farin (siehe Seite 120) statt Kristallzucker, weil er eine leicht malzige Note in den Salat bringt.

RULLEPØLSE

Gerollte Wurst

Übersetzt wird der Name mit »gerollte Wurst«. Eine typische Presswurst und ein absoluter Liebling der Dänen. Für die Herstellung nutzt man klassisch eine hölzerne Rullepølse-Form, die auch durch zwei Kastenformen ersetzt werden kann. Bei letzterer Zubereitungsart wird die Wurstrolle in die eine Form gelegt und die zweite Form mit dem Boden nach unten daraufgesetzt und mit Gewichten befüllt. Wird Nitritsalz verwendet, bleibt das Fleisch rosa.

Zubereitung 30 Minuten | Ruhezeit 48 Stunden | Kochzeit 2 Stunden | Schwierigkeitsgrad schwierig

FÜR 4 PORTIONEN

1,2 kg Schweinebauch ohne Schwarte
4 EL Salz
1 EL Zucker

Für die Füllung

4 TL gemahlene Gelatine
1–2 EL Pfeffer, grob gestoßen
1 TL gemahlener Piment
1 EL frischer Rosmarin, gehackt
1–2 Bund Petersilie
2 Zwiebeln, fein gerieben

Für den Kochsud

3 Zwiebeln
2 Karotten
1 Stück Knollensellerie
½ Lauchstange
3 Lorbeerblätter
¾ EL Pfefferkörner

TIPP

Das Rezept funktioniert auch mit fettem Lamm- oder Rindfleisch und anderen Gewürzmischungen.

ZUBEREITUNG

Den Schweinebauch in der Mitte so einschneiden, dass er flach und zu einem langen Rechteck ausklappbar ist.

Das Salz und den Zucker aufstreuen und einmassieren. Das Fleisch zusammenklappen, in Frischhaltefolie wickeln und für 24 Stunden in den Kühlschrank legen.

Am nächsten Tag den Schweinebauch aus dem Kühlschrank nehmen, aufklappen und trockentupfen.

Für die Füllung die Gelatine und die Gewürze mit dem Rosmarin mischen und die Petersilie hacken. Die Gewürzmischung, die Petersilie und die Zwiebeln auf ⅔ der Länge des Fleisches verteilen. Dann das Fleischstück von der gewürzten Seite aus dreimal falten. Mit Lebensmittelschnur festbinden. Am besten einmal über die Länge und dann in Runden um die Rolle wickeln und verknoten.

Für den Kochsud die Zwiebeln halbieren. Karotten und Sellerie schälen und in grobe Stücke schneiden. Den Lauch putzen und vierteln. Alle Zutaten zusammen mit der Wurstrolle in einen Topf legen und die Lorbeerblätter sowie die Pfefferkörner dazugeben. Mit Wasser auffüllen und aufkochen. Anschließend die Hitze reduzieren und bei schwacher Temperatur 90–120 Minuten sanft köcheln.

Das Fleisch aus dem Sud nehmen und kurz abtropfen lassen. Dann die heiße Fleischrolle in die Rullepølse-Form legen und darauf achten, dass die Nahtstelle seitlich liegt. Danach den Deckel auflegen, die Schrauben festziehen und die Rullepølse pressen.

Sobald die Rolle abgekühlt ist, in den Kühlschrank stellen und 24 Stunden ruhen lassen. Dann die Schnüre lösen und die Wurst aufschneiden. Ich friere sie geschnitten und portionsweise ein.

SKY

Bratensaftgelee

Das Wurstbrot- und Smørrebrød-Upgrade der Dänen. Sky bedeutet Wolke und dahinter verbirgt sich stark gelierter und gut gewürzter Bratensaft. Dieses schnittfeste Gelee gibt es als Kraftsky oder Pålægssky im Supermarkt. Aber hausgemacht hat man noch mehr Einfluss auf den Geschmack! Sky passt besonders gut zu Leverpostej, Rullepølse und jeder Art von Bratenaufschnitt. Schnelle Rezepte beinhalten meist nur Wasser und Rinderbouillon-Würfel, aber wir lieben es würziger!

Zubereitung 25 Minuten | Schwierigkeitsgrad einfach

FÜR 4 PERSONEN

9 Blatt Gelatine
1 Zwiebel
100 ml kräftige Rinderbrühe
50 ml Portwein oder Sherry
2 TL Engelsk-Sauce oder Worcestersauce
1½ EL dunkle Sojasauce
2 Lorbeerblätter
2 EL Petersilie, gehackt
1 Prise Liebe
½ TL frischer Thymian, gehackt
1 TL frisch gemahlener Pfeffer
evtl. Mad Kulør zum Färben

ZUBEREITUNG

Zunächst die Gelatine in etwas kaltem Wasser einweichen und zur Seite stellen.

Dann die Zwiebel abziehen und würfeln und zusammen mit den anderen Zutaten außer der Gelatine in einen Topf geben. 500 ml Wasser angießen. Den Topfinhalt aufkochen, dann die Temperatur reduzieren und etwa 15 Minuten köcheln lassen. Wenn die Farbe nicht dunkel genug sein sollte, ein paar Tropfen Mad Kulør unterrühren.

Für 2 Stunden zum Abkühlen in den Kühlschrank stellen. Das erkaltete Fett vorsichtig mit einem Löffel von der Oberfläche heben.

Anschließend die Brühe durch ein Tuch filtern, um Stücke und so viele Schwebstoffe wie möglich zu entfernen.

Nun die Flüssigkeit auf etwa 60 °C erwärmen und die ausgedrückte Gelatine darin auflösen. Sofort auf kleine, hohe Gefäße verteilen und für mindestens 3 Stunden kühlen.

Ich friere das, was wir nicht sofort essen, ein, und taue bei Bedarf eine Portion im Kühlschrank auf.

TIPP

Noch würziger wird Sky, wenn eine Handvoll Pilze mitgekocht werden.

HOTDOG

EIN DÄNISCHER KLASSIKER

HOT DOG – EIN DÄNISCHER KLASSIKER

Dänischer »Hot Dog med det hele« – übersetzt »mit allem« – bedeutet, dass er aus Brot, Senf, Wurst, Ketchup, Remoulade, Röstzwiebeln und Gurkensalat besteht. Das ist der Klassiker der dänischen Straßenküche und auch nur in dieser Kombination schmeckt er mir.
Bei der Wurst bin ich flexibel. Für mich darf es die typisch dänische gekochte rote Wurst, die Røde Pølse, sein oder auch Risted Pølse – das gebratene Würstchen. Auch mit einem einfachen heißen Würstchen schmeckt mir dieses schnelle Essen. Wichtig ist mir die typisch dänische Remoulade. Mayonnaise auf einem Hot Dog kommt für mich nicht infrage!

Man munkelt, dass es die ersten Wurstwagen in Deutschland gab. Auch in Schweden und Norwegen wurden bereits um 1900 heiße Würstchen auf den Straßen in Göteborg und Kristiania, dem heutigen Oslo, verkauft. Der Däne Charles Svendsen Stevns hatte Anfang des 20. Jahrhunderts in Oslo erfolgreich Wurst auf den Straßen verkauft. Er versuchte viele Jahre, Pølsevogn in seiner Heimat einzuführen. Jahrelang reichte er Anträge für eine Genehmigung ein, die allesamt von den Stadträten blockiert wurden. Auf der Straße zu essen, entsprach nicht ihrer Idee von den »guten Sitten«. Die Politiker befürchteten zudem, dass der Verkehr gestört werden könnte.

1920 erhielt Stevns doch noch eine Genehmigung und am 18. Januar 1921 eröffnete er in Kopenhagen die ersten sechs Wurstwagen. Es waren einfache Holzkarren, die gezogen wurden. Verkauft wurde Wurst für 25 Øre. Wer Brot dazu wollte, zahlte 5 Øre extra und Senf gab es dazu. Das Würstchen wurde anfangs in ein Brötchen gelegt, das einen Tag alt war.

Viele Jahre waren Wurstverkäufer Angestellte der Wursthersteller. Erst nach dem Zweiten Weltkrieg gab es dann selbstständige Unternehmer. Sie waren es leid zu frieren und wollten nicht mehr länger Wind und Wetter ausgesetzt sein. So wurden die ersten geschlossenen Wagen gebaut, in denen die Verkäufer geschützt waren.

Wer die roten Würstchen erfunden hat, ist nicht eindeutig geklärt. Es wird erzählt, dass Wurstmacher aus Wien im 19. Jahrhundert auf die Idee kamen, Würste rot zu färben. Über Deutschland gelangte die Sitte, Wurstwaren zu färben, nach Dänemark. Die rote Farbe in der Wurst kennzeichnete während der Weltwirtschaftskrise Würste, die aus dem Fleisch vom Vortag zubereitet und an den Wurstwagen günstiger verkauft wurden. Aus den deutschen und österreichischen Sortimenten verschwanden die rotgefärbten Würste. In Dänemark sind sie als Spezialität bis heute überall zu finden. Heute sind Wurstwaren in Dänemark unabhängig von der Fleischqualität gefärbt.

Erst ab 1951 wurde in Dänemark das längliche, weiche Brot zunächst für die Kopenhagener Wurststände produziert. Wann genau Ketchup, Remoulade, Röstzwiebeln und Gurken Bestandteil des dänischen Streetfoods wurden, ist nicht eindeutig geklärt. Man nimmt an, dass ein Wursthändler damit anfing, den Hot Dog zu verfeinern, um sich von den Konkurrenten abzuheben. Daraus hat sich dann ein Trend entwickelt. Heute gibt es viele verschiedene Belag-Varianten. Der Klassiker bleibt allerdings der Favorit der Dänen.

Ungeklärt ist, ab wann sich in Dänemark der Name »Hot Dog« für das Würstchen im Brot durchsetzte.

Zwischen 1950 und 1970 war die Blütezeit der Wurstwagen. Über 700 Stände tummelten sich auf den Straßen Dänemarks. Die Anzahl der Wagen ging stark zurück, als viele Fastfood-Ketten ihre Läden eröffneten.

Der Fransk Hot Dog, bei dem die Wurst zusammen mit einem Dressing auf Mayonnaise-Basis in einem länglichen, ausgehöhlten und unten geschlossenen Brötchen verkauft wird, setzte sich erst in den frühen 1980er-Jahren durch. Während ein Hot Dog wegen des reichhaltigen Belags vor Ort gegessen wird, kann man diese Art des Hot Dogs unterwegs essen.

AGURKESALAT

Salatgurken-Salat

Agurkesalat ist in Dänemark fast allgegenwärtig. Er wird sehr günstig in Gläsern verkauft, aber selbst gemacht hat er eine noch viel bessere Qualität, weil keine künstlichen Aromen zugesetzt werden. Der Gurkensalat wird zu vielen Hauptgerichten serviert und hat auf Smørrebrød und Hot Dog einen festen Platz.

Zubereitung 10 Minuten | Schwierigkeitsgrad sehr einfach

FÜR 1 GLAS

75 g Zucker
1 TL Salz
200 ml Essig (5 %)
1 Prise Liebe
1 TL Pfefferkörner
evtl. Dill
1 Salatgurke

ZUBEREITUNG

Zucker und Salz in 50 ml kochendem Wasser auflösen. Sobald das Wasser etwas abgekühlt ist, den Essig, die Pfefferkörner und nach Wunsch den Dill dazugeben.

Die Gurke in sehr dünne Scheiben schneiden, in ein sauberes Glas geben und die Flüssigkeit darübergießen. Mindestens 30 Minuten ziehen lassen.

Dieser Gurkensalat muss im Kühlschrank aufbewahrt werden. Gut gekühlt ist er etwa 3 Wochen haltbar.

TIPP

Apfelessig verleiht dem Salat ein besonderes Aroma!

REMOULADE

Dänische Remoulade

Unter Remoulade versteht man in Dänemark etwas ganz anderes als in Deutschland. Sie enthält Gemüse unterschiedlichster Art und ich mag ein bestimmtes Fertigprodukt mit Weißkohl und Blumenkohl besonders gern. Deswegen bereite ich auch meine hausgemachte Remouladensauce mit beiden Kohlsorten zu. In unserem Familienrezept verwenden wir nicht ausschließlich Mayonnaise, sondern auch einen Teil Schmand. Diese Sauce darf auf keinem Hot Dog und auch zu Fleisch nicht fehlen.

Zubereitung 20 Minuten | Schwierigkeitsgrad einfach

FÜR 8 PORTIONEN

70 g Weißkohl
50 g Blumenkohl
1 kleine Zwiebel
1 kleine Gewürzgurke
1 TL Currypulver
1 TL Aprikosenkonfitüre
150–200 g Schmand

Für die Mayonnaise

2 Eigelb
1 TL Senf
1 Prise Liebe
1 Spritzer Zitronensaft
1 EL Weißweinessig
Pfeffer und Salz
1 Prise Zucker
200 ml Rapsöl

ZUBEREITUNG

Zunächst den Weißkohl, den Blumenkohl, die Zwiebel und die Gewürzgurke fein raspeln. Danach alle Zutaten in einer Schüssel vermischen.

Für die Mayonnaise Eigelb, Senf, Zitronensaft und Essig in einen hohen Becher geben. Je 1 Prise Pfeffer, Salz und Zucker zugeben und mit einem Stabmixer bei hoher Geschwindigkeit aufschlagen. Langsam und in sehr dünnem Strahl das Öl dazugeben und einarbeiten.

Die fertige Mayonnaise zusammen mit dem Currypulver, der Aprikosenkonfitüre und dem Schmand unter das Gemüse heben.

Die Remoulade kurz ziehen lassen und erneut mit Salz und Pfeffer abschmecken.

TIPPS

Die Aprikosenkonfitüre durch Apfelmus ersetzen.
Eine fein gehackte Anchovis rundet den Geschmack noch mehr ab.

Salt
CURRY

HOT DOG BRØD

Hot Dog Brötchen

Hausgemachte Hot Dog Brötchen sind ein wenig fester als gekaufte, aber dafür kommen sie auch ganz ohne Zusatzstoffe aus.

Zubereitung 110 Minuten | Schwierigkeitsgrad einfach

FÜR 8 STÜCK

25 g frische Hefe

10 g Zucker

310 g Weizenmehl Type 550

5 g Salz

1 Prise Liebe

5 ml neutrales Pflanzenöl (z. B. Rapsöl)

1 Ei

Mehl für die Arbeitsfläche

ZUBEREITUNG

Die Hefe und den Zucker in 150 ml lauwarmem Wasser auflösen. 4 EL Mehl einrühren und für 10 Minuten zur Seite stellen.

Das restliche Weizenmehl und das Salz mischen und auf den Vorteig streuen. Das Öl dazugeben und alle Zutaten in der Küchenmaschine zunächst 3 Minuten auf niedriger Stufe vermischen. Danach 7 Minuten bei mittlerer Geschwindigkeit kneten.

Die Schüssel abdecken und den Hefeteig insgesamt eine Stunde gehen lassen. Nach jeweils 20 Minuten den Teig zu einem großen Rechteck ziehen. Dann ein Drittel zur Mitte legen, das andere darüber falten. Das Teigstück nach einer Vierteldrehung auf die gleiche Art ziehen und zusammenlegen.

Den Teig in 8 Stücke teilen und jede Teigportion zuerst zu einer Kugel und dann länglich formen. Die Teiglinge auf ein mit Backpapier belegtes Backblech legen.

Das Blech in den kalten Backofen schieben und eine Schüssel mit kochendem Wasser auf den Boden stellen. Anschließend die Tür schließen und die Teiglinge 30 Minuten gehen lassen.

Dann das Backblech herausnehmen, den Backofen auf 200 °C Ober-/Unterhitze vorheizen und die Hot-Dog-Brötchen in 15 Minuten goldbraun backen.

Die Hot-Dog-Brötchen auf ein Backgitter legen und zum Abkühlen mit einem Geschirrtuch abdecken.

TIPP

Das Weizenmehl kann problemlos mit Dinkelmehl Type 630 ersetzt werden, dann aber bitte die Knetzeit um ein Drittel verringern.

HVERDAGSRETTER

ODER ALLTAGSGERICHTE

HVERDAGSRETTER ODER ALLTAGSGERICHTE

Wer beim dänischen Wort Retter an Helfer aus der Not denkt, liegt nicht ganz falsch. Retter helfen gegen Hunger und großen Appetit. Ret ist das dänische Wort für Gericht.

Hverdag bedeutet Alltag, Hverdagsretter sind also Alltagsgerichte und Hverdagsmad ist die Bezeichnung für Alltagsessen. Es zeichnet sich vor allem dadurch aus, dass es aus einfachen und wenigen Zutaten besteht und günstig ist. Außerdem ist es einfach zuzubereiten, man hat die Zutaten im Haus und das Essen ist in weniger als einer Stunde zubereitet. Einige Gerichte in diesem Buch gehören in diese Kategorie. Die besten Beispiele sind das Millionbøf und das Svensk Pølseret.

Meine dänische Freundin Pernille lachte einmal laut auf, als sie sah, was bei uns so auf den Tisch kommt. »Bei dir gibt es das, was wir in Dänemark mormormad nennen!«, amüsierte sie sich. Die Mormor ist die Großmutter, eigentlich die Mutter der Mutter. Ein gutes Beispiel für diese Art Essen ist das Gericht »Boller i karry«.

In den letzten Jahren ist das Mormormad wieder modern geworden, die typischen Oma-Gerichte wecken bei vielen Dänen Kindheitserinnerungen. Gerade in turbulenten Zeiten sind derart vertraute Gerichte eine gute Möglichkeit, ein Stück Sicherheit und Geborgenheit zu vermitteln.

Das Nationalgericht der Dänen

2014 stimmte das dänische Volk über sein Nationalgericht ab. Acht Landstriche reichten jeweils drei Gerichte ein:

Nordjütland reichte Jomfruhummer med blomkål (Jungfrauenhummer mit Blumenkohl), Dyreryg med kvædekompot (Hirschrücken mit Quittenkompott) und Karbonader med stuvede grønærter (Karbonade mit Erbsen in weißer Sauce) ein.

In Mittel- und Westjütland waren die Favoriten Brændende Kærlighed (Brennende Liebe, ein Kartoffelmusgericht), Tarteletter med kylling og svampe (Pasteten mit Huhn und Pilzen) und Røget sandart med kartofler, syltede rødbeder og kapers (geräucherter Zander mit Kartoffeln, Rote Bete und Kapern).

Ostjütland steuerte Boller i karry (Hackfleischbällchen in Currysauce), Smørrebrød med gravad laks og kartofler (Belegte Brote mit Graved Lachs und Kartoffeln) sowie Biksemad med rodfrugter (ein Kartoffelgericht mit Wurzelgemüse) bei.

Südjütland reichte Flæskesteg med rødkål og skysauce (Schweinebraten mit Rotkohl und brauner Sauce), Fiskefrikadeller med hjemmelavet grov urteremoulade (Fischfrikadellen mit hausgemachter grober Kräuterremoulade) und Stegt flæsk med persillesauce (gebratene Schweinebauchscheiben mit Petersiliensauce) ein.

Auf Fünen favorisierte man Kogt torsk med sennepssauce (gekochten Dorsch mit Senfsauce), Skipperlabskovs (Labskaus) und Æbleflæsk (gebratene Schweinebauchscheiben mit Äpfeln).

Westseeland, Lolland-Falster und die Insel Møn gingen mit Farseret porre med bløde løg og æbler (gefüllter Lauch mit weichen Zwiebeln und Äpfeln), Stegt svinekotelet med stuvet hvidkål (gebratenes Schweinekotelett mit cremigem Weißkohl) und And med agurkesalat og kål (Ente mit Gurkensalat und Kohl) ins Rennen.

Kopenhagens und Nordseelands Vorschlag waren Rødspætte med kartofler, Karryremoulade og agurkesalat (gebratene Scholle mit Kartoffeln, Curryremoulade und Gurkensalat), Frikadeller med kold kartoffelsalat, radiser og purløg (Frikadellen mit kaltem Kartoffelsalat, Radieschen und Schnittlauch) und Hakkebøf med bløde løg, spejlæg og stegte rodfrugter (Hacksteak mit weichen Zwiebeln, Spiegeleiern und gebratenem Wurzelgemüse).

Bornholm trat mit Gule ærter med svinekæber og salat med mormordressing (Gelbe Erbsen mit Schweinebacke, Salat und Großmutter-Dressing), Stegt kylling med skilt sovs og grønkålssalat (gebratenes Hähnchen mit separater Sauce und Grünkohlsalat) und Stegte sild med kartoffelkompot (saurer Brathering mit einer Art Kartoffelmus) an.

Mit großem Abstand gewann der Vorschlag »Stegt Flæsk med persillesauce«, es folgten Smørrebrød, Hakkebøf, Karbonader, Brændende Kærlighed, Æbleflæsk, Stegte Sild und Svinekotelett.

KARRYSUPPE

Currysuppe

Karrysuppe kann man im Schlauch oder im Tetrapak in jedem Supermarkt kaufen, denn die Dänen lieben diese Suppe. In der Qualität und im Aroma gibt es allerdings große Unterschiede. Von sehr scharf über mild bis wenig Geschmack oder mit Kokosnote ist alles dabei. Allerdings ist die gekaufte Currysuppe nur der Grundstock für das fertige Gericht. Am häufigsten wird sie mit Hühnchen gegessen, hin und wieder auch mit Kødboller (Fleischbällchen). Verfeinert wird sie mit allerlei Gemüse und sogar Obst wie Apfel oder Pfirsich. Als Einlage bieten sich Reis oder Nudeln an, manchmal auch Kartoffeln.

Zubereitung 30 Minuten | Schwierigkeitsgrad einfach

FÜR 4 PORTIONEN

1 großer Apfel
Saft von 1 unbehandelten Zitrone
3–4 Tomaten
1 Stange Lauch
2 große Karotten
2 Zwiebeln
1 Knoblauchzehe
1 Prise Liebe
Öl zum Braten
3 ½ TL mildes Currypulver
1 TL scharfes Currypulver
½ TL Kurkuma
500 ml Gemüsebrühe
1 Bund Frühlingszwiebeln
1 Handvoll Zuckererbsen
1 rote Paprika
1 Dose Kokosmilch (400 ml)
2 TL Maisstärke
Salz und Pfeffer zum Abschmecken
400 g Hähnchenschnitzel

100 g Sahne zum Dekorieren

TIPP

Auch anderes Gemüse der Saison eignet sich – Blumenkohl passt perfekt zur Suppe.

ZUBEREITUNG

Den Apfel schälen, entkernen und in kleine Stücke schneiden. Mit Zitronensaft beträufeln und zur Seite stellen. Die Tomaten hacken und den Lauch waschen, putzen und in feine Ringe schneiden. Anschließend die Karotten schälen und mit einem Hobel in dünne Scheiben schneiden. Die Zwiebeln abziehen und in feine Würfel schneiden, Knoblauch abziehen und fein hacken.

Etwas Öl in einem Topf erhitzen und Currypulver und Kurkuma darin anschwitzen. Nach und nach die Zwiebeln, die Karottenscheiben, den Knoblauch und die Apfelstücke dazugeben und mitbraten. Mit Gemüsebrühe ablöschen und die gehackten Tomaten unterrühren. Den Deckel auf den Topf legen, den Topfinhalt aufkochen und bei mittlerer Temperatur 15 Minuten sanft kochen.

In dieser Zeit die Frühlingszwiebeln in Ringe, die Zuckererbsen in kleine Stücke und die Paprika in kleine Würfel schneiden. Beiseitestellen.

Dann die Suppe mit einem Stabmixer fein pürieren und die Kokosmilch unterrühren. Die Maisstärke in 2 EL kaltem Wasser glatt rühren und zunächst die Hälfte davon in die kochende Suppe rühren. Je nach gewünschter Konsistenz noch Stärkemischung dazugeben. Mit Salz, Pfeffer und etwas Zitronensaft abschmecken und bei niedriger Temperatur ziehen lassen.

Nun die Hähnchenschnitzel klein würfeln, in etwas Öl kurz anbraten und zur Suppe geben.

Die Karrysuppe in Schalen füllen, dann etwas Sahne auf die Suppenoberfläche träufeln. Die Paprikawürfel, die Zuckererbsenstücke und Lauchzwiebelringe großzügig darüberstreuen. Zum Dekorieren kann das Möhrengrün verwendet werden. Mit Brot als Beilage servieren.

STEGT FLÆSK MED PERSILLESOVS

Gebratene Schweinebauchscheiben mit Petersiliensauce

Das Nationalgericht der Dänen darf in diesem Buch nicht fehlen. Ein einfaches Essen, das zwar etwas länger braucht, aber bei dem sich der Arbeitsaufwand trotzdem in Grenzen hält. Mehr Worte muss man über dieses Lieblingsessen nicht verlieren.

Zubereitung 60 Minuten | **Schwierigkeitsgrad** einfach

FÜR 4 PORTIONEN

20 durchwachsene Schweinebauchscheiben
Salz
800 g Kartoffeln

Für die Petersiliensauce

400 ml Gemüsebrühe
250 g frische Sahne
1 großes Bund Petersilie
60 g Butter
40 g Weizenmehl
1 Prise Liebe
Salz und Pfeffer
1 Spritzer Zitronensaft

ZUBEREITUNG

Die Schweinebauchscheiben mit der Handfläche etwas klopfen und die Stücke von beiden Seiten mit Salz einreiben. Dann für 30–45 Minuten zur Seite stellen. Ich lege sie auf Küchenpapier, um die Flüssigkeit aufzusaugen.

Während der Ruhezeit die Kartoffeln waschen, schälen, vierteln und mit Wasser bedeckt zur Seite stellen.

Den Backofen auf 200 °C Ober-/Unterhitze vorheizen. Anschließend die Fleischscheiben so auf ein Blech legen, dass sie sich nicht berühren. Das Backblech in die mittlere Schiene des Backofens schieben und das Fleisch insgesamt 45–50 Minuten braten. Sobald das Fleisch von oben gebräunt ist, die Scheiben einmal wenden und zwischendurch bei Bedarf das Fett abgießen.

Während das Fleisch brät, die Kartoffeln mit 2 TL Salz in Wasser zum Kochen bringen, dann die Hitze reduzieren und 20 Minuten weiterkochen.

Für die Petersiliensauce zunächst die Gemüsebrühe und die Sahne mischen. Die Petersilie waschen, hacken und zur Seite stellen.

Die Butter in einem Topf schmelzen, den Topf vom Herd ziehen und das Mehl einrühren. Den Kochtopf bei mittlerer Temperatur wieder auf die Herdplatte stellen und unter ständigem Rühren portionsweise die Gemüsebrühe-Sahne-Mischung dazugeben. Nach jeder Flüssigkeitsgabe den Topfinhalt aufkochen, erst dann mehr hinzufügen.

Die Sauce mit Salz, Pfeffer und Zitronensaft abschmecken und die Petersilie unterheben. Etwas Petersilie für die Deko aufbewahren.

Die Kartoffeln abgießen, mit Fleisch und Sauce auf Tellern anrichten und mit Petersilie dekorieren.

TIPPS

Ich brate das Schweinefleisch auf einem Lochblech mit einer Fettpfanne darunter. Die Sauce schmecke ich gerne mit Muskat ab.

BOLLER I KARRY

Fleischbällchen in Curry

Dieses Gericht kennt in Dänemark jeder und bei fast jedem Dänen weckt es Kindheitserinnerungen. Ursprünglich wurde es ohne Zwiebeln, Knoblauch und Erdnüsse zubereitet. Mehr und mehr haben sich aber moderne Varianten durchgesetzt. An dieser Stelle gibt es das Rezept, das unsere Familie am liebsten mag.

Zubereitung 40 Minuten | **Schwierigkeitsgrad** mittel

FÜR 4 PORTIONEN

Für die Fleischbällchen

1 Brötchen
200 g Sahne
1 Zwiebel
500 g Hackfleisch
1 Ei
1 TL gemahlener Piment
1 Prise Liebe
Pfeffer
1–2 TL Salz
1 l Gemüsebrühe

Für die Currysauce

2 Zwiebeln
1 Knoblauchzehe
1 säuerlicher Apfel
60 g Butter
2 EL Currypulver
40 g Mehl
1 EL gemahlener Kurkuma
1–2 EL Crème fraîche

Als Dekoration Petersilie und 100 g Erdnüsse

TIPP

Für eine exotischere Variante die Erdnüsse durch Kokosflocken und den Reis durch Bulgur ersetzen.

ZUBEREITUNG

Fleischbällchen

Das Brötchen in der Sahne einweichen und die Zwiebel abziehen und klein würfeln.

Das durchgeweichte Brötchen gut ausdrücken und mit dem Fleisch, den Zwiebelwürfeln, dem Ei, den Gewürzen und dem Salz verkneten.

Kleine Fleischbällchen formen und in der sanft kochenden Gemüsebrühe 6–7 Minuten gar ziehen lassen.

Die Hackbällchen aus der Brühe nehmen und zur Seite stellen. 600 ml Gemüsebrühe abmessen und zur Seite stellen.

Currysauce

Die Zwiebeln abziehen und fein würfeln. Die Knoblauchzehe fein hacken und den Apfel schälen, entkernen und reiben.

Anschließend die Butter im Topf schmelzen, Zwiebelwürfel und Knoblauch darin glasig anbraten. Das Currypulver dazugeben und einige Sekunden mit anschwitzen. Den Topf kurz von der Kochplatte ziehen und das Mehl einrühren. Anschließend den Kochtopf zurück auf die Herdplatte stellen. So lange weiterrühren, bis die Zutaten gut verbunden sind.

Zunächst 500 ml Flüssigkeit in 3 Portionen in die Mehlschwitze einrühren und nach jeder Flüssigkeitsgabe den Topfinhalt unter ständigem Rühren aufkochen. Je nach gewünschter Konsistenz die restlichen 100 ml noch hinzufügen.

Den geriebenen Apfel, den Kurkuma und die Crème fraîche unterrühren und die Fleischbällchen darin erwärmen.

Fleischbällchen mit Currysauce anrichten und Reis als Beilage servieren.

BRÆNDENDE KÆRLIGHED

Brennende Liebe

Dieses Mittagessen gilt als typisch dänisches Gericht und hieß im 19. Jahrhundert noch ganz einfach Kartoffelbrei, der wohl nicht besonders beliebt war. Unter dem Namen »Brændende Kærlighed« trat dieses Hauptgericht seinen Siegeszug in den Küchen an und es wurde zu einer der beliebtesten Mahlzeiten der Dänen. Der Volksmund nannte es wohl schon im Zweiten Weltkrieg »Brennende Liebe«. Fest etablierte sich der Name vermutlich um das Jahr 1957, als man im Rahmen einer Kampagne versuchte, die Kartoffel als Fleischersatz populärer zu machen. Dieses Gericht ist wie eine Liebeserklärung – es sättigt, schmeckt und reißt kein großes Loch in die Haushaltskasse.

Zubereitung 30 Minuten | Schwierigkeitsgrad einfach

FÜR 4 PORTIONEN

1,5 kg mehligkochende Kartoffeln
1 TL Salz
300 g durchwachsenen Speck oder Bacon
3 Zwiebeln
200 ml heiße Milch
1 Prise Liebe
25 g Butter
Salz zum Abschmecken
1 Prise gemahlene Muskatnuss
4 EL gehackte Petersilie

ZUBEREITUNG

Die Kartoffeln schälen, halbieren oder vierteln und in Salzwasser garen.

Während die Kartoffeln kochen, den Speck in kleine Streifen schneiden. Die Zwiebeln abziehen und klein würfeln.

Die Speckstreifen bei mittlerer Hitze in der Pfanne anbraten. Sobald er anfängt zu bräunen, die Zwiebelwürfel dazugeben und beides knusprig braten.

Die fertig gegarten Salzkartoffeln abgießen. Zunächst 150 ml heiße Milch und die Butter dazugeben und die Kartoffeln zu einem leicht stückigen Brei stampfen. Milch bis zur gewünschten Konsistenz hinzufügen. Anschließend mit Salz und 1 Prise Muskatnuss abschmecken.

Den Kartoffelbrei auf einem Teller oder in kleinen Schüsseln anrichten und den gebratenen Speck mit den Zwiebeln darauf verteilen.

Das Gericht mit gehackter Petersilie bestreuen und servieren.

TIPP

Die Dänen reichen zu diesem Lieblingsessen häufig eingelegte Rote Bete.

BIKSEMAD

Dieses bekannte Gericht ist der Traum einer jeden Mutter! Fast alles, was an Fleisch und Kartoffeln übrig geblieben ist, kann verarbeitet werden. Biksemad soll ein Begriff aus der Seefahrt sein, mit dem ursprünglich gerupftes Fleisch gemeint war. Dieses Pfannengericht ist schnell gemacht und echte traditionelle dänische Küche. In vielen Familien isst man dieses Kartoffelgericht mit Ketchup oder Sauce béarnaise.

Zubereitung 30 Minuten | Schwierigkeitsgrad sehr einfach

FÜR 4 PORTIONEN

1 kg kalte Pellkartoffeln

2 Zwiebeln

400 g gegartes Fleisch

2–3 EL Öl zum Braten

1–2 EL Engelsk-Sauce (Englische Sauce, scharf, salzig und mit Tamarinde)

1 Prise Liebe

Salz und Pfeffer zum Abschmecken

4 Eier

Eingelegte Rote Bete und Sauce béarnaise sowie gehackte Petersilie zum Anrichten

ZUBEREITUNG

Die Kartoffeln pellen und in kleine Würfel schneiden. Anschließend die Zwiebeln abziehen und klein würfeln. Das Fleisch zu mundgerechten Stücken verarbeiten.

Dann das Öl in einer Pfanne erhitzen und zunächst die Zwiebelwürfel kurz darin anbraten. Anschließend die Kartoffelwürfel dazugeben und mitbraten. Es ist wichtig, den Pfanneninhalt erst zu wenden, wenn die Unterseite der Kartoffeln schon gebräunt ist. Weniger ist da mehr! Das klein geschnittene Fleisch hinzufügen und mit erwärmen. Mit Salz, Pfeffer und Engelsk-Sauce abschmecken.

In einer separaten Pfanne gleichzeitig die Eier braten.

Das Biksemad auf Tellern anrichten, das Ei darauf und die Rote Bete sowie die Sauce béarnaise am Tellerrand platzieren. Petersilie darüberstreuen und servieren.

TIPP

Für dieses Gericht eignen sich Reste vom Braten, egal ob Rind, Schwein, Geflügel, Lamm oder Wild. 100 g Fleisch tausche ich oft gegen Speckwürfel aus.

MILLIONBØF MED KARTOFFELMOS

Ein Großmutter-Essen wie früher! Von vielen Freunden liebevoll »nordische Bolognese« genannt. Millionbøf bedeutet, dass das Gericht aus Millionen kleiner Steaks besteht. Die Zutaten sind bewusst einfach gehalten. Meine dänischen Freunde reagieren ganz und gar nicht begeistert, wenn man empfiehlt, weitere Komponenten wie Tomatenmark, Tomaten, Paprika, Zucchini oder Pilze hinzuzufügen. Denn »dann ist es kein Millionbøf« mehr. Da das Gericht besonders geliebt wird, wenn es sehr dunkel ist, fügen viele Dänen Madkulør (eine braune Farbe) hinzu. Statt Kartoffelbrei oder Kartoffeln werden auch oft Nudeln oder Reis dazu serviert.

Zubereitung 30 Minuten | Schwierigkeitsgrad einfach

FÜR 4 PORTIONEN

Für die Hackfleischsauce

25 g Butter
3–4 Zwiebeln, gewürfelt
400 g Rinderhackfleisch
400 ml Rinder- oder Gemüsebrühe
1 Lorbeerblatt
evtl. ½ TL gemahlener Piment
1 Prise Liebe
½ TL gemahlener Pfeffer
1 TL Salz
1 EL Speisestärke
1–3 EL Madkulør (optional)

Für das Kartoffelmos – den Kartoffelbrei

1,2 kg Kartoffeln, geschält
250 ml heiße Milch
1 EL Butter
Salz zum Abschmecken

ZUBEREITUNG

Die Butter in einer Pfanne auslassen und die Zwiebelwürfel darin 2–3 Minuten anbraten. Anschließend das Fleisch dazugeben, mit einem Pfannenwender fein zerteilen und 5 Minuten mitbraten.

Mit der Gemüsebrühe ablöschen, die Gewürze und das Salz hinzufügen und etwa 20 Minuten sanft köcheln.

In der Zwischenzeit die geschälten Kartoffeln in etwa 1 l kochendem Wasser mit 10 g Salz garen. Dann die Salzkartoffeln abgießen und kurz abdampfen lassen. Die heiße Milch und die Butter dazugeben und die Kartoffeln zu einem Brei stampfen. Mit Salz abschmecken.

Zum Binden der Sauce die Speisestärke mit 2 EL kaltem Wasser verrühren. Portionsweise bis zur gewünschten Konsistenz zur Fleischsauce geben und kurz mitkochen. Zum Schluss bei Bedarf noch Madkulør unterrühren.

TIPP

Übrig gebliebene Sauce schmeckt fantastisch auf Pizza oder zu Nudeln!

SALZ

SVENSK PØLSERET

Schwedisches Wurstgericht

Das Paradebeispiel für typisch dänische Hausmannskost! Übersetzt wird der Name schlicht mit »Schwedisches Wurstgericht«. Dieser Eintopf ist ein 30-Minuten-Gericht mit einfachsten Zutaten, das nicht nur Kinder lieben. In Schweden ist das Gericht vollkommen unbekannt. Es wird erzählt, dass es am Ende eines mehrtägigen Schulausflugs dänischer Kinder nach Schweden entstanden ist. Aus den Zutaten, die übrig waren, kochte man dieses Eintopfgericht. Einfach, lecker und wirklich köstlich! Es gibt wahrscheinlich so viele Varianten wie Haushalte in Dänemark.

Zubereitung 30 Minuten | Schwierigkeitsgrad sehr einfach

FÜR 4 PORTIONEN

700 g kalte Pellkartoffeln
6 Würstchen
2–3 Zwiebeln, fein gewürfelt
1–2 EL Olivenöl
140 g Tomatenmark
1 Knoblauchzehe, gehackt
1 TL Paprikapulver (edelsüß)
¼ TL gemahlener Pfeffer
¼ TL gemahlener Piment
1 Prise Liebe
1 Prise Zucker
1 TL dunkler Balsamico-Essig
200 ml Milch
100 g Sahne
½ Bund Petersilie

ZUBEREITUNG

Die Pellkartoffeln in Würfel und die Würstchen in mundgerechte Stücke schneiden.

Anschließend das Öl in einer Pfanne erhitzen und die Zwiebelwürfel sowie die Würstchenstücke darin anbraten.

Tomatenmark und Knoblauch mit anschwitzen, das Paprikapulver, den Pfeffer, den Piment und den Zucker darüberstreuen. Anschließend den Essig, die Milch und die Sahne unterrühren. Den Topfinhalt bei mittlerer Temperatur aufkochen und die Hitze reduzieren. Die Kartoffelwürfel unterheben und im Eintopf erwärmen.

Zum Schluss mit gehackter Petersilie bestreuen und servieren.

TIPP

Viele Dänen essen Schwarzbrot zu diesem Gericht.

Paprika

FLÆSKESTEG

Schweinebraten

Der Krustenbraten ist ein echter Liebling! Vor allem die knusprige Kruste hat es den Dänen angetan. Ein leckeres Sonntags- oder Feiertagsessen wie aus alten Zeiten. Reste des Bratens werden gerne dünn aufgeschnitten als Brotbelag verwendet. Andere nutzen das übrig gebliebene Fleisch für Biksemad.

Zubereitung 100 Minuten | Schwierigkeitsgrad mittel

FÜR 4 PORTIONEN

1,4 kg Schweinebraten mit Schwarte
1 Bund Suppengrün
2 Zwiebeln
2–3 TL Salz
2 Lorbeerblätter
einige Pimentkörner
2–3 Gewürznelken
4 Pfefferkörner
1 Prise Liebe
750 ml Gemüsebrühe
etwas feine Speisestärke

TIPP

Wenn beim Braten zu viel Flüssigkeit verdampft ist, etwas kochendes Wasser dazugießen.

ZUBEREITUNG

Die Schwarte des Schweinebratens mit einem scharfen Messer, einem Skalpell oder einem Cutter in gleichmäßige Streifen schneiden. Dabei nur in die Fettschicht schneiden und nicht in das Fleisch, weil der austretende Fleischsaft später verhindern würde, dass die Schwarte kross wird. Den Backofen auf 200 °C Umluft vorheizen und den Braten mit der Schwarte nach unten in eine Auflaufform legen. So viel kochendes Wasser dazugießen, dass die Schwarte und die Fettschicht im Wasser liegen. Die Form auf ein Blech stellen und für 30 Minuten in den Ofen schieben.

In der Zwischenzeit das Suppengrün waschen, putzen und in grobe Stücke schneiden. Die Zwiebel abziehen, vierteln, dazugeben und alles beiseitestellen.

Den Schweinebraten aus dem Ofen nehmen, umdrehen und auf ein Stück Küchenpapier legen. Die Oberfläche trockentupfen. Nun die Kruste mit Salz einreiben und dabei darauf achten, dass es auch in die Zwischenräume gelangt. Jetzt das erste Kochwasser weggießen und den Braten mit der Schwartenseite nach oben wieder in die Form legen. Das Gemüse und die Gewürze rund um das Fleisch verteilen. Der Braten muss überall die gleiche Höhe haben. Sollte er an einer Seite zu tief liegen, eine halbierte Zwiebel darunterlegen.

Die Gemüsebrühe dazugießen und den Schweinebraten zurück in den Ofen stellen. Hin und wieder die Tür öffnen, um den Dampf abzulassen. Nach 50 Minuten Garzeit sollte die Kerntemperatur des Bratens bei 60 °C liegen. Falls die Kruste noch nicht knusprig genug ist, den Grill einschalten und den Krustenbraten genau im Auge behalten. Stellen, die zu stark bräunen, mit Backpapier oder Alufolie abdecken. Nach weiteren 5–10 Minuten sollte der Braten 65 °C im Inneren haben und fertig sein. Den fertig gegarten Schweinebraten 15 Minuten ruhen lassen, bevor er angeschnitten wird.

Den Bratenfond mit etwas in kaltem Wasser angerührter Stärke zu einer dunklen Sauce binden. Mit Kartoffeln und Rotkohl servieren.

FLØDEKARTOFLER

Sahnekartoffeln

Sahnekartoffeln werden häufig als Beilage serviert. Wir lieben sie so sehr, dass wir sie als eigenständiges Gericht essen. Dazu einen Salat und ich bin glücklich! Sie erinnern an Bechamelkartoffeln oder einen Kartoffelauflauf. Da die Sahne in Dänemark einen höheren Fettgehalt hat, gebe ich in die Sahne noch einen oder zwei Teelöffel geschmolzene Butter. Ich verwende für dieses Gericht große Backkartoffeln.

Zubereitung 70 Minuten | Schwierigkeitsgrad einfach

FÜR 6 PERSONEN

Butter für die Form
1,2 kg vorwiegend festkochende Kartoffeln
1–2 Zwiebeln
2 Knoblauchzehen
¼ TL geriebene Muskatnuss
1 Prise Liebe
½ TL Pfeffer
10 g Salz
2 TL geschmolzene Butter
500 g Sahne
100 g Bacon

ZUBEREITUNG

Eine Auflaufform mit Butter fetten und den Backofen auf 200 °C Ober-/Unterhitze vorheizen.

Die Kartoffeln schälen und in etwa 2 ml dünne Scheiben schneiden. Danach die Zwiebeln abziehen und klein würfeln. Den Knoblauch fein hacken.

Die Kartoffelscheiben in die Form schichten, die Zwiebelwürfel und den Knoblauch dazwischen verteilen.

Die Gewürze, das Salz und die geschmolzene Butter in die Sahne rühren. Anschließend die Mischung über die Kartoffeln gießen. Die Baconscheiben auf die Flødekartofler legen.

Die Auflaufform auf ein Blech stellen, in die mittlere Schiene des Backofens schieben und etwa 60 Minuten backen.

TIPP

Statt Zwiebel wird oft Lauch verwendet. Man kann die Sahnekartoffeln noch mit geriebenem Käse bestreuen.

TARTELETTER MED HØNS OG ASPARGES

Törtchen mit Huhn und Spargel

Tarteletter werden in Dänemark zu Feier- und Festtagen serviert. Auch als Vorspeise, Mittagessen oder Abendessen sind sie beliebt. Obwohl die Tartelette-Füllung in Dänemark als Konserve verkauft und im Kühlregal angeboten wird, lohnt sich das Selbermachen. Es schmeckt um Längen besser! Meine Freundin aus Dänemark behauptet, dass die Mürbeteigschalen eine Nebenrolle spielen, die man oft nicht mitisst, sondern nur auslöffelt. Pro Person rechnen wir zu Hause 2–4 Tartelettes. Die Füllung bereite ich 1–2 Tage vorher zu und kühle sie, gut verpackt, bis ich sie brauche. Sehr häufig wird Spargel aus dem Glas verwendet.

Zubereitung Hühnersuppe 100 Minuten | **Zubereitungszeit** Tartelette-Füllung 35 Minuten | **Schwierigkeitsgrad** mittel

FÜR 2–4 PORTIONEN

1 Bund Suppengrün
1 Hähnchen
1 Zwiebel
1 TL Salz
1 Lorbeerblatt

6 Stangen weißer Spargel
1 TL Zucker
1 Prise Liebe
25 g Butter
3 EL Mehl
100 g Sahne
½ Zwiebel
½ unbehandelte Zitrone
1 Bund glatte Petersilie
Salz und Pfeffer zum Abschmecken
8 Tarteletteschalen

4 Tomatenscheiben und kleine Karottenwürfel für die Dekoration

TIPP

Die Füllung mit Erbsen oder Champignons verfeinern und fertigen Hühnerfond verwenden.

ZUBEREITUNG

Das Suppengrün putzen und in Stücke schneiden. Das Gemüse zusammen mit dem Hähnchen und der halbierten Zwiebel in einen Topf legen. Dann mit Wasser auffüllen, 10 g Salz pro Liter sowie das Lorbeerblatt dazugeben und eine Hühnersuppe kochen.

Nach 90 Minuten das Hähnchen aus dem Sud nehmen, auskühlen lassen und das Fleisch von der Karkasse lösen und klein schneiden. 400 ml Kochflüssigkeit abmessen und zur Seite stellen.

Den Spargel schälen, die holzigen Enden entfernen und die Stangen in mundgerechte Stücke schneiden. Wasser im Topf aufkochen, Zucker und Salz dazugeben und die Spargelstücke 1 Minute darin kochen. Das Gemüse mit einer Siebkelle herausnehmen. Vom Kochwasser 100 ml abmessen und ebenfalls zur Seite stellen.

Die Butter in einem Topf schmelzen und unter ständigem Rühren das Mehl einrühren. Portionsweise das Spargelwasser und die Hühnersuppe dazugeben und nach jeder Flüssigkeitsgabe den Topfinhalt aufkochen. Zum Schluss die Sahne unterrühren.

Die Zwiebel sehr fein würfeln. Von der Petersilie einige Blättchen für die Dekoration abnehmen, den Rest hacken. Beide Zutaten zusammen mit dem Hähnchenfleisch und dem Spargel in die Sauce geben. Mit dem Saft und dem Abrieb von ½ Zitrone sowie Salz und Pfeffer abschmecken.

Die Tarteletteschalen im Ofen bei 200 °C Ober-/Unterhitze 3–4 Minuten erwärmen. Anschließend füllen, mit glatter Petersilie und kleinen Karottenstücken sowie einer ½ Tomatenscheibe verzieren und servieren.

BROKKOLISALAT

Brokkolisalat ist schon fast so etwas wie der Nationalsalat Dänemarks. Es gibt sicher fast so viele Rezepte wie Familien in Dänemark und zahlreiche Abwandlungen. Manche Rezepte werden mit rohem Brokkoli zubereitet, aber ich finde, er ist bekömmlicher, wenn er kurz mit kochendem Wasser überbrüht wird. Viele Dänen ersetzen die sonst üblicherweise verwendeten Rosinen durch Cranberrys, weil sie leicht säuerlich sind und einen tollen Kontrast zum salzigen Speck bilden.

Zubereitung 20 Minuten | Schwierigkeitsgrad einfach

FÜR 4 PORTIONEN

150 g Speckwürfel
1 Brokkoli
1 rote Zwiebel
1 Tomate, klein gewürfelt (optional)
2–3 EL Rosinen oder Cranberrys

Für das Dressing

150 g Crème fraîche
50 g Joghurt
50 g Mayonnaise
1 TL Senf
1 EL Essig
1 TL Zitronensaft
½–1 TL Zucker
1 Prise Liebe
½ TL Salz
Pfeffer aus der Mühle

Für das Topping

2 EL Sonnenblumenkerne

ZUBEREITUNG

Ein Backblech mit Backpapier belegen und die Speckwürfel so darauflegen, dass sie sich möglichst wenig berühren. Das Backblech in den kalten Backofen schieben und die Temperatur auf 200 °C einstellen. Den Speck im Auge behalten, damit nichts anbrennt.

Den Brokkoli waschen und in mundgerechte Röschen teilen. Danach den Strunk schälen und klein würfeln. Beide Zutaten in eine Schüssel geben, mit kochendem Wasser übergießen und nach 1–2 Minuten abgießen und abtropfen lassen.

Die Zwiebel abziehen und fein hacken. Zwiebeln, eventuell Tomaten, Rosinen bzw. Cranberrys unter den Brokkoli mischen und kurz zur Seite stellen.

Nun die Crème fraîche, den Joghurt, die Mayonnaise mit dem Senf, dem Essig, dem Zitronensaft, dem Zucker, dem Salz und dem Pfeffer verrühren. Abschmecken und bei Bedarf noch nachsalzen. Das Dressing unter den Salat heben.

Den knusprigen Speck kurz auf ein Stück Küchenpapier legen und das Fett abtropfen lassen. Dann die Speckwürfel unter den Salat heben.

Zum Schluss die Sonnenblumenkerne darüberstreuen.

TIPP

Der Salat schmeckt besonders lecker, wenn er etwas länger durchzieht.

KUCHEN

IN DÄNEMARK

KUCHEN IN DÄNEMARK

Man erzählt sich, dass das Wort »kage« vom altnordischen Wort »kaka« aus der Wikingerzeit abstammt und ursprünglich Brot meinte. Kuchen hat also eine lange und komplizierte Geschichte in Dänemark.

Genauer lässt sich die Geschichte des dänischen Kuchens im Mittelalter nicht so leicht zurückverfolgen. Bis zum Ende des 19. Jahrhunderts verstand man unter »kage« feine Brotsorten aus Weizen, denn es war nur Konditoren erlaubt, feine Kuchen und Süßigkeiten herzustellen. Bäcker buken Brot und Hefegebäck. Aus diesem Grund gilt Hefekuchen bis heute nicht als Kuchen in Dänemark.

Bevor der Backofen üblich wurde, gab es ungebackene Kuchen und sie wurden aus dem gemacht, was da war. Oft wurden (altbackenes) Brot und Früchte in Gefäße geschichtet. Manchmal gab es Sahne dazu.

Als die gesetzlichen Grenzen für Bäcker und Konditoren Mitte des 19. Jahrhunderts aufgehoben wurden, blühte das Kuchenhandwerk auf. Ausländische Bäcker und Konditoren, die ins Land geholt wurden, brachten ihre Ideen und Rezepte mit. Viele Kuchen aus dieser Blütezeit des Bäcker- und Konditorhandwerks sind zu echten Klassikern geworden und werden bis heute gebacken.

Tørkager sind trockene Kuchen. Oft bestehen sie aus Mürbeteig und sind gefüllt mit Früchten, Sahne, Marzipan oder Remonce – Hindbærsnitter sind das beste Beispiel für diese Art Kuchen.

Flødekager sind kleine Schichtkuchen mit Sahne oder Creme. Sie bestehen aus einer Lage Mürbeteig, Blätterteig, Biskuit oder Brandteig und sind, je nach Kuchensorte, mit Sahne, Butter- oder Puddingcreme oder Konfitüre beziehungsweise Fruchtmus gefüllt. Oft werden Sahne und fruchtige Komponenten auch kombiniert. In einigen Fällen, wie bei der Gåsebryst oder Gänsebrust, haben sie noch ein Topping aus Marzipan. Medaljer oder der Napoleonskage sind weitere Beispiele für diese Art Kuchen.

Lagkager sind typische, geschichtete dänische Torten. Die Biskuitböden aus der Springform werden geteilt. Anschließend werden sie abwechselnd mit Sahne, Fruchtpüree oder Buttercreme wieder geschichtet. Manchmal werden sie glasiert, mit Schokolade überzogen oder mit Streuseln verziert. Schöne Beispiele sind der Rugbrødslagkage, die Roggenbrot-Schichttorte und der Othello Kuchen.

Skærekager sind Schnittkuchen. Der Klassiker auf jedem Kuchenbuffet. Sie werden in einer Form oder auf dem Blech gebacken und anschließend in Stücke geschnitten. Schnittkuchen gehören zu den beliebtesten Kuchen der Dänen. Klassische Beispiele für diese Kuchensorte sind der Schokoladenkuchen vom Blech, der Bananenkuchen oder Drømmekage.

Tærter ist eine Tarte. Klassisch werden sie in einer Tarte-Form mit einem Boden aus Mürbeteig und einer Füllung aus Früchten, Creme, Sahne und Marzipan gebacken. Der Klassiker ist die Jordbærtærte.

Småkager sind kleine Kuchen – die Kekse. Es gibt sie in den unterschiedlichsten Formen und sie werden oft aus Mürbeteig gebacken. Zu meinen liebsten dänischen Keksen gehören Ingenting, was übersetzt so viel wie »Nichts« bedeutet.

Besonders ist mir das Sønderjysk Kaffebord ans Herz gewachsen. Bei einer traditionellen südjütländischen Kaffeetafel werden sieben trockene, sieben weiche und sieben harte Kuchen gereicht. Wer versuchen möchte, die 21 verschiedenen klassischen Kuchen zu probieren, bekommt jeden 1. Sonntag im Monat auf Schloss Gram die Gelegenheit dazu. In den Sommermonaten wird dort an jedem Donnerstag ein Sommermarkt veranstaltet. Auch an diesem Tag kann man Tickets für das Kaffebord und eine Schlossbesichtigung buchen. In Tønder findet einmal im Jahr das Kuchenfestival statt. Es ist auf jeden Fall einen Besuch wert und die wohl größte südjütländische Kaffeetafel Dänemarks. Während des Mittelalters war es in Dänemark durchaus üblich, während

einer Mahlzeit süße Haupt- und Zwischengerichte zu servieren, aber auch ein süßer Abschluss des Essens war damals schon üblich.

BEDSTEFARS SKÆG

Opas Bart

Übersetzt wird der Name des Kuchens mit »Opas Bart«, was eine Anspielung auf die Baiserhaube ist. Ein Rührkuchen, der in Deutschland weniger bekannt ist, der aber in vielen dänischen Familien seit Jahrzehnten gebacken wird. Das liegt an den einfachen Zutaten, die fast jeder im Vorrat hat, und der schnellen Zubereitung.

Zubereitung 40 Minuten | Schwierigkeitsgrad einfach

FÜR 10 STÜCKE

Für den Kuchenteig

4 Eier
1 unbehandelte Zitrone
350 g Weizenmehl Type 550
50 g Speisestärke
2 TL Backpulver
1 TL Vanillezucker
1 Prise Liebe
250 g weiche Butter
250 g Zucker
250 ml Milch

Für die Fruchtschicht

200–220 g Konfitüre nach Wahl

Für das Baiser

250 g Zucker
1 TL Vanillezucker
1 TL Essig

ZUBEREITUNG

Backofen auf 200 °C Ober-/Unterhitze vorheizen.

Die Eier trennen und Eiweiß und Eigelb getrennt zur Seite stellen. Die Schale der unbehandelten Zitrone abreiben.

Nun das Mehl mit der Speisestärke, dem Backpulver und dem Vanillezucker in einer Schüssel vermischen.

Die Butter mit dem Zucker weißcremig aufschlagen. Bei mir dauert es etwa 7 Minuten, bis die Zuckerkristalle aufgelöst sind. Anschließend das Eigelb einzeln und nacheinander unterschlagen. Danach abwechselnd die Milch und das gemischte Mehl unterrühren.

Eine Kuchenform mit den Maßen 25 × 35 cm mit Backpapier auslegen und den Rührteig in die Backform füllen. 15 Minuten auf der mittleren Schiene backen.

Während der Boden backt, das Baiser vorbereiten. Dazu das Eiweiß fast vollständig steif schlagen und den Zucker und den Vanillezucker einrieseln lassen. Weiterschlagen und zum Schluss den Essig einarbeiten. Insgesamt rühre ich die Baisermasse mindestens 10 Minuten.

Das Blech mit dem Kuchenboden nach der Backzeit aus dem Ofen nehmen. Konfitüre aufstreichen und das Baiser darauf verteilen.

Weitere 10 Minuten backen, in der Form abkühlen lassen und dann in Quadrate schneiden.

TIPP

Meistens wird Himbeerkonfitüre verwendet, wir lieben Opas Bart auch mit Pflaumenmus sowie Sanddorn- oder Hagebuttenkonfitüre.

ÆBLESKIVER

Teigbällchen

Æbleskiver bedeutet übersetzt Apfelscheiben. Den Namen erhielt das Gebäck, weil diese kleinen Kuchen ursprünglich flach waren – Apfelscheiben wurden in den Pfannkuchenteig getaucht und dann gebraten. So machen es auch heute noch viele Dänen. Aber es gibt unglaublich viele Æbleskiver-Rezepte in Dänemark. In einigen Gegenden werden kleine Apfelstücke, Apfelmus oder Pflaumenpüree beim Ausbacken in die Mitte der Bällchen gegeben. Die Æbleskiver, die man kaufen kann, sind in der Regel ungefüllt. Für dieses Rezept wird eine Pfanne mit kugeligen Vertiefungen, eine Æbleskiver-Pfanne, benötigt. Die Teigbällchen kann man nach Wunsch auch füllen – wir lieben die pure Variante.

Zubereitung 60 Minuten | Schwierigkeitsgrad sehr einfach

FÜR ETWA 22 STÜCK

5 Eier
450 ml Buttermilch
50 g Sahne
50 g Zucker
Abrieb von ½ Zitrone
1 Prise Liebe
250 g Mehl
1,5 TL Kardamom
3 g Salz
1 EL weiche Butter
Öl zum Ausbacken

ZUBEREITUNG

Zunächst die Eier trennen. Das Eiweiß steif schlagen und zur Seite stellen. Das Eigelb, die Buttermilch, die Sahne, den Zucker und den Zitronenabrieb verrühren.

Dann das Mehl mit dem Kardamom und dem Salz vermischen. Die Mehlmischung zusammen mit der weichen Butter dazugeben und alles verrühren. Den Teig für 20 Minuten ruhen lassen.

Die Pfanne einölen und bei mittlerer Temperatur erhitzen.

Nun den Teig einmal durchrühren, den Eischnee vorsichtig unterheben und die kugeligen Ausbuchtungen der Pfanne mit dem Teig fast vollständig füllen.

Die Æbleskiver bei nicht zu großer Hitze braten und nach jeweils 1–2 Minuten behutsam mit 2 Schaschlikspießen um ein Viertel drehen. Eventuell noch etwas Teig in die Mitte geben, sobald die Kugeln zur Hälfte gedreht sind.

Die Pfanne nicht zu stark erhitzen, etwas Geduld lohnt sich! Es dauert so lange, wie es dauert.

Warm mit Puderzucker oder Konfitüre servieren.

TIPP

Mit gebräunter Butter im Teig schmecken die Æbleskiver noch ein bisschen besser!

Marmelade

BANANKAGE

Bananenkuchen

Dieser saftige Bananenkuchen ist schnell gebacken! Ich habe ihn mit Schokostückchen und einer Schokoglasur verfeinert. In Dänemark ist der Banankage wesentlich beliebter als die Zimtschnecke, von der immer angenommen wird, dass sie der Favorit der Dänen ist. Dieser Kuchen lässt sich wunderbar mit 100 g gehackten Nüssen abwandeln.

Zubereitung 30 Minuten | Schwierigkeitsgrad sehr einfach

FÜR 10 STÜCKE

3 reife Bananen

½ unbehandelte Zitrone

80 g geschmolzene Butter

2 Eier (Größe M)

100 g brauner Zucker

200 g Weizenmehl Type 550

2–3 TL Vanillezucker

1 Prise Liebe

4 g Salz

12 g Backpulver

100 g Zartbitterschokolade, gehackt

75 g Kuvertüre zum Verzieren

ZUBEREITUNG

Zunächst alle Zutaten abwiegen, abmessen und bereitstellen. Den Backofen auf 180 °C vorheizen und eine Kastenform mit Backpapier auslegen.

Die Bananen fein zerdrücken. Die Schale der unbehandelten Zitrone abreiben und den Abrieb sowie einen Spritzer Zitrone mit dem Bananenmus verrühren und zur Seite stellen.

Die Butter schmelzen und zur Seite stellen, damit sie etwas abkühlen kann.

Die Eier mit dem Zucker 5 Minuten in der Küchenmaschine auf mittlerer Geschwindigkeit aufschlagen. Das Bananenmus, den Zitronenabrieb und die Butter unterrühren.

Anschließend das Mehl mit dem Vanillezucker, dem Salz, dem Backpulver und den Schokoladenstücken mischen und mit einem Teigmischer unter die Eiermasse heben.

Den Teig in eine gefettete Form füllen und auf der mittleren Schiene 15 Minuten backen, dann in der Mitte längs einschneiden und weitere 25 Minuten backen. Der Kuchen ist fertig, wenn an einem Holzstäbchen kein Teig haftet, nachdem es in den Kuchen gestochen wurde.

Den Bananenkuchen 20 Minuten in der Form abkühlen lassen, dann stürzen und auf einem Backgitter vollständig auskühlen lassen.

Die Kuvertüre schmelzen und den Kuchen damit verzieren.

TIPP

Mit je 1 TL gemahlenem Zimt und Kardamom schmeckt der Kuchen noch besser!

HINDBÆRSNITTER

Himbeerschnitten

Man munkelt, dass die Hindbærsnitter bereits in der Mitte des 18. Jahrhunderts in einem Hotel in Skagen erfunden wurden. Sicher ist, dass es schon sehr lange her ist, dass jemand auf die Idee kam, Mürbeteig und Konfitüre zu schichten. Sehr viel später kamen die Zuckerglasur und die bunten Streusel, die übrigens Tivoli Krymmel genannt werden, dazu. Seither sind sie bei jedem Bäcker und in jedem Kaufhaus erhältlich. Für viele Dänen gehören sie zu den schönsten Kindheitserinnerungen, denn sie sind ein beliebtes Gebäck für Kindergeburtstage!

Zubereitung 60 Minuten | Schwierigkeitsgrad mittel

FÜR 10 STÜCKE

Für den Teig

250 g Weizenmehl Type 550
75 g Puderzucker
2 TL Vanillezucker
1 TL Backpulver
3 g Salz
150 g zimmerwarme Butter
1 Prise Liebe
220 g Himbeerkonfitüre

Für die Glasur

220 g Puderzucker
1–2 EL Milch
bunte Streusel

ZUBEREITUNG

Das Mehl mit dem Puderzucker, dem Vanillezucker, dem Backpulver und dem Salz mischen und mit der Butter grob verkneten. Danach 50 ml kaltes Wasser dazugeben und den Teig kneten, bis er elastisch ist.

Den Mürbeteig in Frischhaltefolie wickeln und für 40 Minuten in den Kühlschrank legen.

Nach der Kühlzeit den Backofen auf 200 °C Ober-/Unterhitze vorheizen und ein Backblech mit Backpapier belegen.

Anschließend die Arbeitsplatte gut mehlen und den Teig darauf zu einem großen Rechteck mit den Maßen 20 × 30 cm ausrollen.

Den Teig der Länge nach teilen und die Kanten begradigen, sodass 2 identische, längliche und gerade Teigstreifen entstehen. Einige Male mit einer Gabel einstechen! Diese Streifen auf das Backblech legen und im Ofen 12 Minuten backen. Sie wirken, als seien sie nicht durchgebacken, aber das ist in Ordnung. Es sollen keine Kekse sein.

Eine der ausgekühlten Teigplatten mit der leicht erwärmten Konfitüre bestreichen. Dabei nicht ganz bis an den Rand gehen, damit die Konfitüre nicht herausquillt. Den zweiten Teigstreifen aufsetzen. Dabei nur sanft drücken.

Aus dem Puderzucker und der Milch eine Glasur herstellen und leicht erwärmen. Dann einen großen Löffel oder eine Palette in heißes Wasser tauchen, die Zuckerglasur gleichmäßig auf den Kuchenstreifen streichen. Sofort mit bunten Streuseln bestreuen und vorsichtig mit einem scharfen Messer oder einem Pizzaschneider in Rechtecke schneiden.

TIPPS

Die Schnitten mit essbaren Blüten dekorieren. Man kann auch mit anderen Konfitüren experimentieren.

KAJ KAGER

Kaj-Kuchen

Diese Kuchen sehen aus wie Froschköpfe. Sie sind ungefähr so groß wie ein Tennisball, überzogen mit einer grünen Marzipanschicht und gefüllt mit einer rosafarbenen Buttercreme. Häufig besteht der Boden aus einem festeren Teig mit Marzipan, aber in diesem Fall ist es eine weiche Variante. Es wird erzählt, dass er bereits in den 1950er-Jahren als Froschkuchen in den Konditoreien verkauft wurde. Als in den 1970er-Jahren in einer TV-Kinderserie die Handpuppen Kaj, ein Frosch, und Andrea, ein Papagei, mit den menschlichen Moderatoren sangen, spielten und sprachen, erhielt der Kuchen wegen der Ähnlichkeit den Namen Kaj Kager.

Zubereitung 3 Stunden | **Schwierigkeitsgrad anspruchsvoll**

FÜR 10–14 KUCHEN

Für den Kuchenteig

2 Eier

60 g Zucker

30 g Weizenmehl Type 550

1 Prise Liebe

30 g Speisestärke

1 Prise Salz

Für die Buttercreme

125 g zimmerwarme Butter

25 g Puderzucker

1 Eigelb

1 TL Vanillezucker

Für das Baiser

100 g Himbeeren

2 TL Glukosesirup

125 g Zucker

75 g Eiweiß

1 Prise Salz

25 g Puderzucker

Für den Belag

150 g Himbeerkonfitüre ohne Stücke

ZUBEREITUNG

Den Backofen auf 180 °C Ober-/Unterhitze vorheizen und den Boden einer großen Springform mit Backpapier belegen.

Für den Kuchenteig Eier und Zucker so lange zusammen aufschlagen, bis sich alle Zuckerkristalle aufgelöst haben und die Masse weißcremig ist. Dann das Mehl mit der Speisestärke und der Prise Salz mischen und mit einem Teigschaber unterheben. Den Biskuitteig in die Form füllen, 20 Minuten backen und dann auskühlen lassen.

Für die Buttercreme die Butter mit dem Puderzucker zusammen aufschlagen, dann Eigelb und Vanillezucker dazugeben. So lange rühren, bis die Masse an Volumen zugenommen hat.

Für das Baiser die Himbeeren mit 100 ml Wasser aufkochen. Nach etwa 1 Minute die Flüssigkeit in einen anderen Topf abseihen. Den Glukosesirup und den Zucker dazugeben und einen dicken Zuckersirup kochen. Er ist fertig, wenn ein Tropfen davon in kaltem Wasser erstarrt.

Eiweiß, Salz und Puderzucker zusammen aufschlagen. Sobald die Zutaten schaumig zu werden beginnen, den kochenden Zuckersirup in dünnem Strahl dazugeben. Dabei die ganze Zeit bei hoher Geschwindigkeit weiterrühren. Das Baiser ist fertig, wenn es kalt ist.

Zunächst 1 EL des Baisers unter die Buttercreme rühren. Nach und nach die Hälfte der Baisermasse in die Buttercreme einrühren. Die andere Hälfte wird nicht gebraucht. Die Creme in einen Spritzbeutel mit großer Rundtülle füllen.

Für die Marzipanhauben
400 g Marzipan-Rohmasse
200 g Puderzucker
23 Gramm Glukosesirup
grüne und rote Speisefarbe

Für die Froschaugen
1 Eiweiß
250 g Puderzucker
etwas Kakao zum Einfärben

Nun Kreise mit einem Durchmesser von 6–8 cm aus dem Kuchenboden ausstechen. Alle Kuchenkreise auf ein Tablett legen und dünn mit der Konfitüre bestreichen. Danach die Creme daraufspritzen. Es soll ein Türmchen von etwa 5 Zentimeter Höhe entstehen. Die vorbereiteten Törtchen in den Froster stellen.

In der Zwischenzeit die Marzipanrohmasse mit dem Puderzucker und dem Glukosesirup verkneten. Einen kleinen Teil rot färben, in den Rest grüne Speisefarbe kneten. Danach die Arbeitsfläche mit etwas Puderzucker bestreuen, das grün gefärbte Marzipan dünn ausrollen und Kreise mit einem Durchmesser von 13–14 cm ausschneiden. Das rote Marzipan ebenfalls ausrollen und Zungen ausschneiden oder formen.

Die gut gekühlten Törtchen aus dem Froster nehmen und die Marzipanhülle mittig auflegen. Anschließend um das Törtchen formen. Damit das Marzipan oben schön glatt anliegt, die Hülle am Boden in Falten legen. Einen Mund in die Kaj Kager schneiden und die Zunge darin platzieren.

Für die Augen das Eiweiß mit etwas Puderzucker aufschlagen. Nach und nach den Rest des Puderzuckers dazugeben, bis eine feste Glasur entstanden ist, die nicht mehr fließt. Einen kleinen Teil davon mit etwas Kakao oder Speisefarbe dunkel färben. Weiße kleine Punkte auf das Marzipan spritzen und mit dem dunklen Zuckerguss die Pupille daraufsetzen.

Die Kuchen erneut kühlen und in der Zwischenzeit die Kuvertüre schmelzen. Dann die Böden der Kaj Kager in die Kuvertüre tauchen und anschließend trocknen lassen. Bis zum Servieren kühlen.

TIPP

Mit Himbeerpulver oder roter Lebensmittelfarbe wird die rosa Farbe der Creme intensiver.

JORDBÆRTÆRTE

Erdbeertarte

Dieser hausgemachte dänische Erdbeerkuchen ist für mich immer wieder etwas Besonderes. Er erinnert mich an kleine Erdbeertörtchen und an wundervolle Stunden vor urigen dänischen Bäckereien an sonnigen Sommertagen. Ohne Hetze oder Zeitdruck. Ein einziger Tag ist dann für mich wie ein ganzer Urlaub. Wenn ich in Dänemark bin, muss ich unbedingt eine kurze Kaffeepause mit dieser Leckerei machen. Statt der Mini-Version gibt es bei uns zu Hause eine Torte. Krosser Mürbeteig, gefüllt mit Marzipan, überzogen mit einer Schokoladenschicht und getoppt mit einer leckeren Vanille-Sahne-Creme sowie vielen Erdbeeren. Das klingt doch wie ein Gedicht!

Zubereitung 150 Minuten | Schwierigkeitsgrad mittel

FÜR 1 TARTE

Für den Mürbeteigboden

180 g Weizenmehl Type 550
25 g Puderzucker
1 Prise Salz
1 Prise Liebe
1 Eigelb
100 g eiskalte Butter

Für die Marzipanfüllung

100 g Marzipan-Rohmasse
100 g Zucker
100 g weiche Butter
2 Eier
50 g Weizenmehl Type 550
1 Prise Salz
evtl. 1 TL Amaretto

Für die Vanillecreme

200 ml Milch
20 g Speisestärke
1 Eigelb
2 TL Vanillezucker
30 g Zucker
1 Prise Salz
200 g süße Sahne

ZUBEREITUNG

Für den Boden das Mehl mit Puderzucker und Salz mischen. Dann das Ei und die eiskalte Butter dazugeben und alles zügig zu einem Mürbeteig verarbeiten. Den Teig in Folie wickeln und 30–45 Minuten kühlen.

Anschließend die Teigkugel zu einem etwas größeren Kreis als eine 22–23 cm große Tarte-Form ausrollen.

Den Mürbeteig in die gefettete Form legen, einen Rand formen und den Boden mehrfach einstechen. Die Backform in den Kühlschrank stellen und den Backofen auf 200 °C Ober-/Unterhitze vorheizen.

In der Zwischenzeit die Marzipanfüllung vorbereiten. Dazu das Marzipan grob raspeln und mit dem Zucker und der Butter verrühren. Anschließend die Eier einrühren. Danach das Mehl mit dem Salz mischen und zusammen mit dem Amaretto unter die anderen Zutaten rühren. Die Marzipanmasse auf dem Teigboden verteilen und dann auf der unteren Schiene im Backofen 25–30 Minuten backen.

Während der Boden backt, für die Vanillecreme 50 ml Milch mit der Speisestärke, dem Eigelb, dem Vanillezucker und dem Zucker verrühren. Die restliche Milch aufkochen und kurz vom Herd ziehen. Die angerührte Speisestärke-Mischung unterrühren, erneut aufkochen und bei niedriger Temperatur 1 Minute weiterköcheln. Dann die Vanillecreme in eine andere Schüssel umfüllen, mit Frischhaltefolie abdecken und auskühlen lassen.

In einer separaten Schüssel die Sahne steif schlagen und in den Kühlschrank stellen.

Für die Schokoladenschicht

100 g gehackte Zartbitterschokolade

10 g weiche Butter

Für den Belag

500 g halbierte Erdbeeren

Zitronenmelisse für die Dekoration

Für die erste Schicht die Zartbitterschokolade zusammen mit der Butter schmelzen und den Tarte-Boden damit dünn bestreichen. Gut trocknen lassen!

Die Vanillecreme mit einem Schneebesen aufrühren. Die Sahne unterheben und die Creme auf den vorbereiteten Mürbeteigboden streichen. In der Mitte soll sie zu einem Hügel werden.

Die Erdbeeren gleichmäßig darauf verteilen.

Gut kühlen und kurz vor dem Servieren mit Zitronenmelisse verzieren.

TIPP

Mit gehackten Pistazienkernen bestreuen.

SKAGENSHORN

Skagen-Hörnchen

Diese kleinen, süßen Hörnchen werden mit einer Marzipan-Remonce gefüllt und oft mit einer Schokoladenglasur verkauft. Ungefüllte Hörnchen dieser Art werden meistens Kærnemalkshorn (Buttermilchhörnchen) genannt.

Vorbereitungszeit 15 Minuten | Gehzeit 105 Minuten | Backzeit 10–15 Minuten | Schwierigkeitsgrad mittel

FÜR 16 STÜCK

Für den Teig

20 g Hefe
25 g Zucker
200 g Buttermilch
430 g Weizenmehl Type 550
6 g Salz
1 TL Vanillezucker
½ TL gemahlener Kardamom
1 Ei
110 g weiche Butter
1 Prise Liebe

Für die Remonce

100 g Marzipan-Rohmasse
75 g weiche Butter
75 g brauner Zucker

Zum Bestreichen und Bestreuen

1 Ei
1 EL Rohrzucker
Mandelblättchen

ZUBEREITUNG

Die Hefe und den Zucker in der Buttermilch auflösen, 4 EL Mehl einrühren und kurz zur Seite stellen.

Das restliche Mehl mit Salz, Vanillezucker und Kardamom mischen und auf den Vorteig streuen. Das Ei und die Butter dazugeben und alle Zutaten zunächst 3 Minuten in der Küchenmaschine mischen.

Die Maschine auf mittlere Geschwindigkeit stellen und den Teig weitere 7 Minuten kneten. Danach die Schüssel mit einem Tuch abdecken und 60 Minuten gehen lassen.

Während der Gehzeit das Marzipan für die Remonce raspeln und anschließend mit Butter und Zucker verrühren.

Den Teig nach der Gehzeit mehrmals in verschiedene Richtungen ziehen und falten, dann in zwei Hälften teilen.

Jede Teighälfte auf einer leicht bemehlten Arbeitsfläche zu einem Kreis mit einem Durchmesser von 30 cm ausrollen. Teig-Oberfläche leicht mit Mehl bestreuen und mit einem Pizzaschneider in Achtel schneiden. Am breiten Rand der entstandenen Dreiecke 1 TL Remonce verstreichen. Dann zu einem Hörnchen aufrollen und in eine leicht gebogene Form drücken. Mit einem Tuch abdecken und weitere 45 Minuten gehen lassen.

Den Backofen auf 200 °C Umluft vorheizen.

Nun die Hörnchen auf 2 Bleche legen, mit verquirltem Ei bestreichen und den Rohrzucker sowie die Mandelblättchen aufstreuen.

Beide Bleche gleichzeitig in den Ofen schieben und in 10–15 Minuten goldbraun backen.

TIPP

Es lohnt sich, statt der Marzipan-Remonce eine Füllung mit Nuss-Nougat oder Konfitüre zu probieren.

SPANDAUER

Dänische Plunderteilchen

Dieses Gebäck ist in ähnlicher Form in Deutschland als Kopenhagener bekannt, im Rest der Welt werden sie Danish genannt. Wichtig ist zu wissen, dass sie nicht aus Blätterteig, sondern aus Wienerdej, der dänischen Form des Plunderteigs, gemacht werden. In Dänemark isst man sie zum Frühstück oder zu einer Tasse Kaffee am Vor- oder Nachmittag. Beliebt ist dieses Gebäck auch auf Geburtstagsfeiern oder zu anderen Festlichkeiten.

Vorbereitungszeit 10 Minuten | Backzeit 20 Minuten | Schwierigkeitsgrad mittel

FÜR 18 STÜCK

Für die Vanillefüllung

500 ml Milch
1 Eigelb
40 g Zucker
1 Prise Liebe
40 g Speisestärke
1–2 TL Vanillezucker
1 Prise Salz

Für den Teig

1 Portion Wienerbrød (siehe Seite 20)

Zum Bestreichen

1 Ei
1 Prise Salz

Für die Glasur

1 Eiweiß
250 g Puderzucker

TIPP

Die Spandauer schmecken auch gut mit einer Marzipanfüllung oder Konfitüre.

ZUBEREITUNG

Zunächst den Vanillepudding für die Füllung zubereiten. Dazu 7 EL Milch mit Eigelb, Zucker, Stärke, Vanillezucker und 1 Prise Salz verrühren. Die restliche Milch aufkochen. Dann den Topf kurz vom Herd ziehen und die Stärkemischung einrühren. Den Topfinhalt erneut aufkochen und bei sanfter Hitze etwa 1 Minute weiterköcheln. Anschließend abkühlen lassen.

Den Teig zu einer 4 mm dicken Platte ausrollen. Idealerweise auf ein Maß, das durch 10 teilbar ist.
Anschließend Quadrate mit einer Seitenlänge von 10 cm schneiden.

Den Backofen auf 200 °C Umluft vorheizen.

Zwei Backbleche mit Backpapier belegen und die Teig-Quadrate mit viel Abstand darauflegen. Die Ecken der Quadrate bis fast zur Mitte einschlagen und 1 TL des Puddings mittig daraufsetzen.

Ei und Salz verquirlen und den Teig der Spandauer damit bestreichen.

Dann ein Blech in die untere Leiste schieben und 100 ml Wasser hineingießen. Die beiden Bleche mit den Spandauern darüber in den Backofen schieben. Sofort die Tür schließen.

Nach 10 Minuten Backzeit die Bleche im Backofen versetzen und so drehen, dass die Spandauer, die vorher vorne lagen, hinten positioniert sind. So wird alles gleichmäßig braun.

Weitere 10 Minuten backen. Die Böden der Gebäckstücke sollen auch von unten gebräunt sein. Dann auf einem Backgitter abkühlen lassen.

Für die Glasur das Eiweiß steif schlagen und den Puderzucker einarbeiten. Die Glasur in einen Spritzbeutel füllen und das Gebäck damit verzieren.

BRUN FARIN

Brauner Zucker

Brun Farin ist eine typisch dänische Zutat, die man in Deutschland nur im Grenzgebiet zu Dänemark oder online kaufen kann. Dieser braune Zucker entspricht nicht dem deutschen braunen Zucker! Er ist weicher, leicht feucht und schmeckt malzig. Man kann ihn am ehesten mit dem light oder dark packed brown sugar aus Amerika vergleichen. Der amerikanische Zucker enthält aber weniger Melasse als das dänische Produkt.

Da er mit den in Deutschland handelsüblichen Zuckern nicht zu ersetzen ist, macht man ihn am besten selbst.

Zubereitung 3 Minuten | Schwierigkeitsgrad sehr einfach

FÜR 500 G BRUN FARIN

455 g Zucker

45 g Zuckerrohr-Melasse (siehe Tipp)

1 Prise Liebe

ZUBEREITUNG

Den Zucker in eine Schüssel geben. Die Melasse gut verteilt darübergießen und mit den Fingern in den Zucker einarbeiten, bis alles gut verbunden ist.

Den Zucker in einem fest verschlossenen Glas lagern, damit er feucht bleibt.

TIPP

Es ist ganz wichtig, keinen Zuckerrübensirup, wie er in gelben Pappbechern angeboten wird, zu verwenden! Gemeint ist hier Melasse aus Zuckerrohr aus dem Reformhaus.

KRINGLE

Kringel

Dieses Gebäck darf in keinem Buch mit dänischen Backrezepten fehlen, finde ich. Obwohl dieser Kuchen nur noch selten in Kringel- bwz. Brezelform gebacken wird, ist es in Dänemark überall erhältlich. Selbst gebacken und lauwarm schmeckt Kringle am besten!

Zubereitung 100 Minuten | Schwierigkeitsgrad mittel

FÜR 1 KUCHENSTREIFEN

Für den Teig

15 g Hefe
20 g Zucker
50 ml Milch
280 g Weizenmehl Type 550
4 g Salz
½ TL Kardamom
1 Prise Liebe
2 Eier
125 g zimmerwarme Butter

Für die Füllung

100 g Marzipan
75 g zimmerwarme Butter
75 g Brun Farin (siehe Seite 120)
½ –1 TL Zimt
1 TL Vanillezucker
100 g Rosinen
50 g Mandelblättchen

Zum Bestreuen

1 verquirltes Ei
1 Handvoll Mandelblättchen
15 g Zucker

TIPP

Wer keine Rosinen mag, lässt sie einfach weg!

ZUBEREITUNG

Zucker und Salz in 50 ml kochendem Wasser auflösen. Die Hefe und den Zucker in der Milch auflösen. 1 EL Mehl einrühren und kurz zur Seite stellen. Das restliche Mehl mit Salz und Kardamom mischen. Dann Eier und Butter in die Mehlmischung geben und den Teig in der Maschine bei mittlerer Geschwindigkeit 7–10 Minuten kneten. Den Teig mit einem Tuch abdecken und 30 Minuten gehen lassen.

Das Marzipan raspeln und mit der Butter, dem Brun Farin, dem Zimt und dem Vanillezucker zu einer glatten Remonce verrühren und zur Seite stellen.

Rosinen und Mandeln abwiegen und bereitstellen.

Den Teig auf einem bemehlten Stück Backpapier zu einem Rechteck mit den Maßen 30 × 40 cm ausrollen. Kurz entspannen lassen. Rechts und links jeweils ein Drittel der Teigplatte schräg einschneiden. Den ersten und den letzten Streifen auf jeder Seite entfernen, damit man die Enden verschließen kann. Auf das mittlere Drittel zunächst die Rosinen und die Mandeln streuen. Darauf die Remonce verteilen. Nun zuerst das Ende über die Füllung klappen, anschließend die geschnittenen Teigstreifen abwechselnd von rechts und links über die Remonce legen.

Den Kringle mit dem Backpapier auf ein Backblech legen und 30 Minuten gehen lassen.

Den Backofen auf 200 °C Ober-/Unterhitze vorheizen und in die untere Schiene ein tiefes Blech schieben.

Das Blech mit dem Kuchen in die Mitte des Backofens schieben, 50 ml Wasser in das untere Blech gießen. Nach 5 Minuten den Dampf ablassen und den Kringle weitere 10–13 Minuten backen. Auf einem Backgitter abkühlen lassen.

BRUNSVIGER

Braunschweiger Kuchen

Brunsviger gehört zu den einfachsten dänischen Kuchen! Bekannt ist er zwar in ganz Dänemark, aber als Ursprungsort wird die Insel Fünen genannt. Dort isst man ihn auch zum Frühstück und nennt ihn Brunner. Man munkelt, dass Arbeiter aus Braunschweig in Deutschland in Ravnebjerg versehentlich diesen Kuchen erfunden haben, als sie Brot mit Butter und Zucker auf einen Ofen legten. Andere behaupten, dass der Kuchen seinen Namen durch die Siedlung Brunsvig auf Fünen erhielt. Als Erfinder wird auch immer wieder Bäckermeister Christensen aus Kopenhagen erwähnt. Im 19. Jahrhundert war es schick, Backwaren und Gerichten ausländische Namen zu geben. Es gibt kein Originalrezept und allein auf Fünen gibt es wahrscheinlich so viele Varianten, wie es Bäcker gibt. In Nordjütland wird er mit Sahne serviert, in Südjütland findet man diesen Butterkuchen mit Rosinen. Er hat sogar einen eigenen Feiertag, der jedes Jahr auf den Donnerstag der 42. Kalenderwoche fällt. Aus dem Hefeteig für den Brunsviger Kuchen wird auch der Kuchenmann gebacken, der traditionell auf Kindergeburtstagen gegessen wird.

Zubereitung 130 Minuten | Schwierigkeitsgrad sehr einfach

FÜR 1 BLECH

Für den Teig

50 g frische Hefe
100 g Zucker
500 ml handwarme Milch
875 g Weizenmehl Type 550
1 Prise Liebe
1 TL Kardamom
14 g Salz
2 Eier Größe M
100 g weiche Butter
Butter zum Einfetten des Backblechs

Für die Remonce

250 g Butter
250 g Brun Farin (siehe Seite 120)

TIPP

Der Kuchen schmeckt am besten am Backtag. Ich friere die Hälfte der Stücke ein und knuspere sie nach dem Auftauen kurz im Backofen auf.

ZUBEREITUNG

Die Hefe und den Zucker in der Milch auflösen. 5 EL Mehl einrühren und für 10 Minuten zur Seite stellen.

Das restliche Mehl mit dem Kardamom und dem Salz mischen und auf den Vorteig streuen. Eier hinzufügen und die Zutaten in der Küchenmaschine etwa 2 Minuten verkneten. Dann die weiche Butter dazugeben und den Teig weitere 7 Minuten auf mittlerer Geschwindigkeit kneten. Die Schüssel abdecken und den Hefeteig 30 Minuten gehen lassen.

Für die Remonce in einem Topf die Butter zusammen mit dem Brun Farin schmelzen.

Nach der Gehzeit das Backblech mit Butter bestreichen. Den Hefeteig in der Größe des Blechs ausrollen und darauflegen. Mit den Fingerspitzen starke Vertiefungen in den Teig drücken und die Remonce darauf verteilen.

Nun den Teig eine weitere Stunde gehen lassen. 15 Minuten vor Ende der Gehzeit den Ofen auf 200 °C vorheizen und den Blechkuchen 18–20 Minuten backen.

In Quadrate schneiden und genießen!

DRØMMEKAGE

Traumkuchen

Das Rezept für Drømmekage frå Brovst stammt mit ziemlicher Sicherheit nicht aus Brovst, sondern aus Klokkerholm und der Kuchen hatte ursprünglich den Namen Østergaardskagen. In dem kleinen Dorf der Gemeinde Hjallerup im nördlichsten Dänemark lebte und buk Marie Nielsen Højgaard, die auf Gut Østergaard aufgewachsen war. Ihre Enkelin Jytte lernte von ihr, den Kuchen zu backen, den sie 1960 samt Rezept auf den Backabend eines Hausfrauenvereins auf Gut Herregården Bratskov in Brovst mitnahm. Ein Backberater eines bekannten dänischen Mehlproduzenten hatte in der Einladung zu der Veranstaltung angeregt, regionale Kuchen und Rezepte mitzubringen. Er war begeistert von dem Gebäck. Den Erzählungen nach nahm er das Rezept mit und das Unternehmen nutzte die Gelegenheit, daraus den Drømmekage samt Backmischung zu machen.

Zubereitung 45 Minuten | Schwierigkeitsgrad einfach

FÜR 8 STÜCKE

Für den Boden

50 g zimmerwarme Butter
200 ml heiße Milch
2 TL Vanillezucker
250 g Mehl
4 g Salz
3 TL Backpulver
4 Eier Größe M
300 g Zucker

Für den Belag

150 g Butter
250 g Brun Farin (siehe Seite 120)
75 ml Milch
250 g Kokosflocken

TIPP

Schmeckt herrlich mit einer Kugel Eis, Sahne oder Guf.

ZUBEREITUNG

Den Backofen auf 190 °C Ober-/Unterhitze vorheizen und eine Backform mit den Maßen 25 × 40 cm mit Backpapier auslegen.

Die Butter in der Milch schmelzen, den Vanillezucker einrühren und anschließend auf Handwärme abkühlen lassen.

Dann das Mehl, das Salz und das Backpulver mischen und zur Seite stellen.

In der Rührschüssel der Küchenmaschine die Eier und den Zucker so lange aufschlagen, bis die Masse weißcremig ist und sich alle Zuckerkristalle aufgelöst haben.

Abwechselnd die Butter-Milch-Mischung und das angemischte Mehl unterrühren. Dann den Teig in die Form füllen und 20 Minuten backen. Danach den Kuchen aus dem Ofen nehmen und die Temperatur auf 210 °C Ober-/Unterhitze erhöhen.

Für den Belag die Butter, den Brun Farin und die Milch in einem Topf unter ständigem Rühren erhitzen. Kurz bevor die Mischung kocht, die Kokosflocken einrühren. Den Topfinhalt dann noch einmal aufkochen. Die Kokosmasse in kleinen Portionen vorsichtig auf dem Kuchenboden verteilen und glatt streichen.

Die Backform zurück in den Ofen stellen und weitere 6–7 Minuten backen, damit der Belag knusprig wird.

Anschließend den Kuchen in der Form auskühlen lassen, in Stücke schneiden und genießen!

DESSERT

DER SÜSSE ABSCHLUSS

DESSERT – DER SÜSSE ABSCHLUSS

Während des Mittelalters war es in Dänemark üblich, bei einem Mahl süße Haupt- und Zwischengerichte zu servieren. Aber auch ein süßer Abschluss des Essens war verbreitet.

Die unterschiedlichsten Süßspeisen wurden gereicht. Angefangen mit Früchten in Honig über süße Milchspeisen, Obst, Konfekt und Kuchen. Süßes Gebäck wurde in Ermangelung von Backöfen in Fett ausgebacken. Oder es gab waffelähnliche Gebäcke, die man auf Eisen buk. Aus dieser Zeit stammen die für die Zeit üblichen ungebackenen Kuchen, bei denen Früchte und Brot abwechselnd geschichtet werden. Ein solcher Kuchen ist der Dansk Æblekage (auch als Gammeldags Æblekage bekannt), der bis heute zu den Nachtisch-Favoriten gehört.

Das Wort Dessert existiert im Dänischen erst seit dem 18. Jahrhundert. Man orientierte sich damals sehr an der französischen Küche, die das Dessert schon lange vorher zelebrierte. Ab dieser Zeit gab es Grütze, Kompotte, Gelee, Waffeln, Pudding und später auch Eiscreme.

Im 19. Jahrhundert wurde der Nachtisch in Dänemark ein fester Bestandteil des Sonntagsmenüs. Etwa aus dieser Zeit stammt auch die Citronfromage.

Softeis und Guf sind Leckereien, die sowohl Einheimische als auch Touristen lieben. Sie sind was für zwischendurch und werden unterwegs gegessen. Ich bewundere die Vielzahl an Toppings, die Gufs, mit denen die Eiscreme verziert wird. Beliebt sind auch Eiskreationen, in denen Softeis mit klassischen Eiskugeln (gammeldags is), Schlagsahne, Skumfiduser (eine Art Marshmallow) und sogar Schaumküssen kombiniert wird.

Hjertet
tager
aldrig
fejl

SOFTIS

Hausgemachtes Softeis

Cremiges Softeis lässt das Herz höherschlagen – zumindest bei mir! Leider ist es nicht immer erhältlich und da wir zu Hause auch Eis im Winter essen, bereite ich es einfach selbst zu. Es ist nicht so haltbar wie gekauftes Eis. Ein guter Grund, es schnell zu essen.

Vorbereitungszeit 10 Minuten | Gefrierzeit 20 Minuten | Schwierigkeitsgrad sehr einfach

FÜR 4 PORTIONEN

500 ml Vanilleeis
100 g gekühlte Sahne
1 Prise Liebe
2 Spritzbeutel
4 Eishörnchen

Lakritzstreusel, bunte Zuckerperlen oder Krokant zum Verzieren

ZUBEREITUNG

Einen Spritzbeutel mit einer großen Sterntülle bestücken. Den anderen am Ende mit einem Klipp verschließen.

Das Eis in Würfel schneiden und in eine Schüssel geben. 5 Minuten stehen lassen, dann die Sahne dazugießen. Beide Zutaten zusammen aufschlagen, bis die Sahne steif ist. Das dauert etwa 3–5 Minuten.

Die Softeis-Masse in den zugeklippten Beutel füllen, oben verschließen und für 15–20 Minuten in den Gefrierschrank legen.

Den unteren Klipp vom Spritzbeutel entfernen und ihn in den Beutel mit Sterntülle stecken.

Das Softeis in die Eishörnchen spritzen und mit Lakritzstreuseln, bunten Zuckerperlen oder Krokant servieren.

TIPP

Ich gebe in die flüssige Sahne 2 TL Sanapart.

GUF

Guf heißt eigentlich nur »lecker« oder »Leckerei«. Gemeint ist in diesem Fall ein Topping für Eis, das bei Dänen und Touristen sehr beliebt ist. Der süße, schaumig aufgeschlagene Eiweiß-Schaum kann in Dosen oder als Pulver zum Anrühren fertig gekauft werden, aber man kann ihn auch sehr leicht selbst machen. Allerdings ist er nicht sehr lange haltbar und sollte schnell verbraucht werden.

Zubereitung 15 Minuten | Schwierigkeitsgrad sehr einfach

FÜR 8 PORTIONEN

200 g Zucker
50 g Glukosesirup
1 Prise Liebe
100 g Eiweiß
evtl. 2 Tropfen Speisefarbe

ZUBEREITUNG

Den Zucker, den Glukosesirup und 50 ml Wasser in einem Topf aufkochen. Der Zucker soll sich gerade aufgelöst haben.

Das Eiweiß sehr steif schlagen. Anschließend bei hoher Geschwindigkeit weiterrühren und den Zuckersirup in sehr dünnem Strahl dazugießen.

Die Masse unbedingt weitere 10 Minuten aufschlagen. Sie soll zum Schluss kalt und glänzend sein.

TIPP

Für Erdbeer-Guf 3 EL Erdbeerkonfitüre, für Lakritz-Guf 2 TL Lakritzpulver und für Vanille-Guf 1 TL Vanillezucker unterrühren.

FLØDERAND

Sahnerand

Zu diesem Dessert habe ich eine ganz besondere Beziehung! Vor über 40 Jahren lernte ich es als tiefgefrorene Version aus dem Supermarkt kennen. Stundenlang musste der Fløderand auftauen. Ich liebte ihn, bis ich bei einer Freundin die hausgemachte Version kennenlernte. Sie ist so viel besser! Hätte ich nur früher gewusst, wie einfach und schnell dieser Nachtisch zubereitet ist.

Zubereitung 10 Minuten | Kühlzeit 3-4 Stunden | Schwierigkeitsgrad einfach

FÜR 8 PORTIONEN

5 Blatt Gelatine
500 g Sahne
50 g Zucker
1 Prise Liebe
1 Prise Salz
2 TL Vanillezucker
500 g frische Früchte

ZUBEREITUNG

Die Gelatineblätter in kaltem Wasser einweichen und zur Seite stellen.

Die Sahne so steif schlagen, dass sie gerade nicht mehr flüssig ist.

Dann 100 ml Wasser auf etwa 50 °C erwärmen. Den Zucker, das Salz und den Vanillezucker darin auflösen. Anschließend die Gelatine ausdrücken und ebenfalls in dem Wasser auflösen.

2 EL Sahne unter die Gelatine-Mischung heben und glatt rühren. Um die Temperatur zur Sahne noch weiter anzugleichen, eventuell wiederholen und danach vorsichtig unter die Sahne heben.

Die Fløderrand-Masse sofort in eine Form füllen und damit leicht auf die Arbeitsplatte klopfen, damit Luftblasen nach oben steigen. Sofort in den Kühlschrank stellen und 3–4 Stunden kühlen.

Das Dessert aus der Form stürzen. Frische Früchte in die Mitte geben und dann servieren.

TIPP

Mit 1 TL Zitronenabrieb erhält das Dessert noch mehr Frische.

GAMMELDAGS ÆBLEKAGE

Altdänischer Apfelkuchen im Glas

Wer sich unter diesem Rezeptnamen einen Apfelkuchen vorstellt, liegt nicht ganz richtig! Der Æblekage ist ein altes Traditionsdessert im Glas. Entstanden in einer Zeit, in der man akribisch trockenes Brot sammelte und Äpfel eine der Haupt-Obstorten waren. Das altbackene Brot wird gerieben und zu Paniermehl verarbeitet, das mit Butter und Zucker karamellisiert wird – diese Mischung nennt man Æblekage Rasp. Zusammen mit selbst gemachtem Apfelkompott und Sahne wird daraus das wahrscheinlich schnellste Apfelkuchen-Dessert!

Zubereitung 120 Minuten | Schwierigkeitsgrad sehr einfach

FÜR 4 PORTIONEN

Für das Apfelkompott

1 kg saure Äpfel
Saft einer ½ Zitrone
150 g Zucker
1 Prise Liebe
1 TL Vanillezucker

Für den Æblekage Rasp

150 g trockenes Weißbrot
150 g Zucker
100 g Butter

200 g Sahne und
4–6 TL Johannisbeergelee für die Deko

ZUBEREITUNG

Äpfel waschen, schälen, entkernen und in Stücke schneiden. Saft der Zitrone unterrühren. Mit etwa 50 ml Wasser zum Kochen bringen und dann bei niedriger Temperatur 20 Minuten sanft garen. Hin und wieder umrühren. Zucker und Vanillezucker mischen, unterrühren und das Kompott zum Abkühlen beiseitestellen.

Das trockene Brot fein reiben. Den Zucker untermischen. Dann die Butter in einer Pfanne bei mittlerer Temperatur schmelzen. Die gezuckerten Brösel dazugeben und den Pfanneninhalt goldbraun rösten. Den Æblekage Rasp zum Auskühlen auf ein kaltes, mit Backpapier belegtes Backblech schütten. Immer wieder durchrühren, damit keine zu großen Klumpen darin sind.

Apfelkompott und Æblekagerasp abwechselnd in Gläser schichten. Zum Schluss die Sahne steif schlagen und eine Sahnehaube auf die Dessertgläser setzen. Mit jeweils 1 TL Johannisbeergelee dekorieren.

TIPP

Wer mag, kann 50 g Weißbrot durch gehackte Mandeln ersetzen, das sorgt für noch mehr Biss.

CITRONFROMAGE

Zitronencreme

Klingt ein bisschen französisch, ist aber ursprünglich italienisch. Es ist eine Abwandlung von Panna cotta al limone! Wahrscheinlich haben die Franzosen das Rezept weiterentwickelt und es war früher sehr chic, Gerichten französische Namen zu geben. Citronfromage ist ein Dessert-Klassiker, den schon dänische Großmütter serviert haben. Ich glaube, jeder Däne wird diese Nachspeise kennen. Sie ist süß und sauer, luftig, cremig und unglaublich lecker.

Zubereitung 30 Minuten | Kühlzeit 2–3 Stunden | Schwierigkeitsgrad mittel

FÜR 4–6 PORTIONEN

5 Blatt Gelatine
3–4 unbehandelte Zitronen
4 Eier
120 g Zucker
1 Prise Liebe
500 g Sahne

Als Dekoration Minze- oder Zitronenmelissenblätter

TIPP

Schmeckt auch toll mit Blaubeeren!

ZUBEREITUNG

Die Gelatine in kaltem Wasser einweichen und für 10 Minuten zur Seite stellen.

Die Schale von 2 Zitronen abreiben und die Früchte auspressen. Es werden 150 ml Zitronensaft benötigt.

Die Eier trennen, 3 Eiweiß steif schlagen und zur Seite stellen.

Das Eigelb mit dem Zucker aufschlagen, bis der Zucker vollständig gelöst und die Masse weißcremig ist. Anschließend den Zitronenabrieb und 75 ml Zitronensaft unterrühren.

Nun die Gelatine ausdrücken und in 25 ml warmen Zitronensaft auflösen. 50 °C reichen vollkommen, nicht kochen! Dann weitere 50 ml Zitronensaft einrühren. Wenn die Masse etwa handwarm ist, mit 2 TL der Eigelbmasse verrühren.

Diese Gelatine-Mischung unter ständigem Rühren in dünnem Strahl unter die Eigelbmasse ziehen und für 15 Minuten zur Seite stellen.

300 g Sahne steif schlagen.

Sobald die Gelatine-Masse fest zu werden beginnt, den Eischnee und die Sahne unterziehen.

Die Citronfromage sofort in 4–6 Gläser füllen und für 2–3 Stunden in den Kühlschrank stellen.

Die restliche Sahne steif schlagen und die Desserts kurz vor dem Servieren damit verzieren.

RØDGRØD MED FLØDE

Rote Grütze mit Sahne

Rote Grütze mit Sahne ist in Dänemark nicht nur ein Dessert, es ist im Sommer auch ein vollständiges Mittagessen. Serviert mit flüssiger Sahne oder Milch gab es diese Leckerei auch bei uns in meiner Kindheit. Wir haben sie gerne mit Zwieback-Krümeln gegessen. Wichtig ist, dass die Grütze nicht zu fest wird und schön cremig bleibt. Schmeckt auch fantastisch zu Kuchen, Pudding oder warm zu Eis!

Zubereitung 15 Minuten | Schwierigkeitsgrad sehr einfach

FÜR 4 PORTIONEN

600 g rote Früchte
150 g Zucker
2 TL Vanillezucker
1 Prise Liebe
2 EL Kartoffelmehl

ZUBEREITUNG

Die Früchte waschen, putzen, in grobe Stücke schneiden und in einen Topf geben. 100 ml Wasser, Zucker und Vanillezucker dazugeben und mehrere Stunden ziehen lassen.

Dann den Topfinhalt aufkochen, die Temperatur reduzieren und weitere 3–5 Minuten köcheln lassen. Den Topf vom Herd ziehen und kurz stehen lassen.

In der Zwischenzeit die Kartoffelstärke mit 2 EL Wasser glatt rühren. Die rote Grütze nochmals durchrühren, dann vorsichtig die angerührte Stärke unterziehen. Nicht mehr kochen! Die Rødgrød wird sonst zu fest.

In eine Schüssel umfüllen. Nun noch die Oberfläche mit Zucker bestreuen, damit sie keine Haut bekommt.

Abkühlen lassen und servieren.

TIPP

Klassisch wird die Rote Grütze mit gemischten Früchten der Saison zubereitet, aber man kann sie auch nur mit Kirschen oder Erdbeeren kochen. Es eignen sich auch gefrorene Früchte.

RISALAMANDE

Mandel-Milchreis mit Sahne

Risalamande ist nicht einfach nur Milchreis, er ist eine Luxusvariante des einfachen Nachtischs. Auch wenn der Name französisch klingt, ist dieses Dessert urdänisch.
Es gibt verschiedene Theorien, wie es entstanden ist. Reis ist zwar bereits seit dem 7. Jahrhundert in Dänemark bekannt, aber er war ein echtes Luxusgut und der gehobenen Gesellschaft vorbehalten. Es ist überliefert, dass König Christian IV. im 17. Jahrhundert Milchreis mit Zimt, Zucker und einem Kreuz aus Butter serviert wurde. Im 19. Jahrhundert waren die Zutaten dann so erschwinglich, dass auch die Bürger und Bauern an Weihnachten einen solchen Milchreis essen konnten. Erst in den 1940er/1950er-Jahren setzte sich der Risalamande in allen Haushalten durch. Frauenzeitschriften empfahlen, den teuren und rationierten Milchreis mit Sahne und Mandeln zu strecken.
Es hält sich aber auch hartnäckig das Gerücht, dass der Risalamande im 19. Jahrhundert im Kopenhagener Luxushotel D'Angleterre entstand, weil der Küchenchef spontan und mitten in der Nacht ein Dessert für die feinen Leute improvisieren musste. Also kombinierte er in seiner Not übrig gebliebenen Milchreis, Mandeln und geschlagene Sahne und servierte dazu warme Kirschsauce.

Zubereitung 120 Minuten | Schwierigkeitsgrad sehr einfach

FÜR 4 PORTIONEN

150 g Milchreis
1 l Milch
½ TL Salz
2 EL Zucker
1 Prise Liebe
3 TL Vanillezucker
100 g Mandeln
250 g Sahne

Für die Kirschsauce

1 EL Speisestärke
1 Glas Kirschen
1 EL Zucker
1 TL Vanillezucker

TIPP

Statt warmer Kirschsauce eine Sauce aus anderen Früchten dazu servieren.

ZUBEREITUNG

Den Reis in einem Sieb gründlich unter fließendem Wasser waschen.

Anschließend den Reis in 100 ml Wasser einige Minuten kochen. Danach Milch und Salz dazugeben und den Topfinhalt erneut aufkochen. Den Deckel auf den Topf legen und bei schwacher Temperatur 45 Minuten weiterköcheln. Hin und wieder umrühren. Den fertig gekochten Milchreis mit Zucker und Vanillezucker abschmecken und vollständig auskühlen lassen.

Die Mandeln mit kochendem Wasser überbrühen und kurz zur Seite stellen. Wenn sie so weit abgekühlt sind, dass man sie gerade anfassen kann, die Mandeln schälen und grob hacken.

Etwa 20–30 g der flüssigen Sahne und die gehackten Mandeln unter den Milchreis rühren. Den Rest der Sahne steif schlagen und mit einem Teigschaber vorsichtig unterheben. Anschließend für 30 Minuten in den Kühlschrank stellen.

Kirschsauce

Die Speisestärke mit etwa 2 EL kaltem Wasser glatt rühren. Die Kirschen mit dem Saft in einen Kochtopf gießen, mit dem Zucker und dem Vanillezucker verrühren und aufkochen. Die Stärke einrühren und die Kirschen erneut aufkochen, damit die Sauce andickt.

SNACKS UND SÜSSIGKEITEN

IN DÄNEMARK

SNACKS UND SÜSSIGKEITEN IN DÄNEMARK

Dänen snacken gern! In den Lunchpaketen vieler Kinder und auch der Erwachsenen befinden sich Snack-Gurken und Mini-Möhren, genauso wie Mini-Tomaten oder anderes Gemüse.

Unglaublich viele verschiedene Chips-Sorten tummeln sich in den Regalen der Supermärkte. Varianten mit Dill sind genauso beliebt wie neuere Geschmacksrichtungen. Auch Gemüsechips werden immer populärer. Persönlich liebe ich Roggenbrot-Chips mit Salz.

Flæskesvar, gepoppte Schweineschwarten, gehören zu meinen Favoriten. Für den ein oder anderen mag der Geschmack ungewohnt sein. Bei uns zu Hause gab es sie schon in meiner Kindheit, aber ich esse sie heute aus gesundheitlichen Gründen nur noch in moderaten Mengen. In Dänemark sind die Schwartenchips bereits seit dem 18. Jahrhundert bekannt. Einer Zeit, in der Lebensmittel knapp waren und man bestrebt war, alles vom Schwein zu verwerten. Wer die knusprige Schwarte eines Schweinebratens mag, wird sie lieben.

Nüsse sind mindestens genauso beliebt in Dänemark. Erdnüsse, Walnüsse, Haselnüsse, Pistazien, Cashewnüsse und Pekannüsse findet man in nahezu jedem Haushalt. Gleiches gilt für Salzgebäck, seien es nun Salzbrezel oder Salzstangen.

Auch Mini-Pizza und kleine Teighörnchen mit Würstchen, Pølsehørn genannt, eignen sich perfekt zum Snacken. Dieses Fingerfood wird als Fertigsnack in Supermärkten angeboten. Aber sie sind auch schnell selbst gemacht, sättigen gut und eignen sich hervorragend zum Mitnehmen.

Nicht unerwähnt möchte ich die Süßigkeiten lassen. Die Dänen lieben harte Bonbons, die Bolsjer. Hoch im Kurs stehen auch Weingummi, Lakritz und eine bekannte Schoko-Pralinen-Konfekt-Mischung aus England.

Eine Tradition ist in Dänemark das Fredagsslik – das Freitagsschlecken. Jeden Freitag dürfen die Kinder beim Einkauf mit den Eltern mit vollen Händen in die Regale der losen Süßigkeiten greifen. Abends schaut man dann gemeinsam Trickfilme und schlägt sich damit den Bauch voll.

In Dänemark gibt es unglaublich viele Zuckerfabriken und Bonbonkochereien. Sie laden oft nicht nur zum Kaufen, sondern auch zum Mitmachen ein. Dänemarks älteste Zuckerfabrik befindet sich in Blåvand.

FLÆSKESVÆR

Schwartenchips

Diese Schweineschwartenchips sind bei den Dänen superbeliebt! Sie werden in Tüten verkauft und man findet sie im Snackregal neben Chips und anderen Snacks! Besonders gute Flæskesvær bekommt man beim Fleischer an bestimmten Tagen.

Eine kleine Warnung! Flæskesvær verhalten sich im Backofen wie Popcorn im Topf. Die Schwarte poppt auf, die Stücke hüpfen übers Backblech. Starke Fettspritzer lassen sich nicht vermeiden.

Zubereitung 60 Minuten | Schwierigkeitsgrad sehr einfach

FÜR 4 PORTIONEN

1 großes Stück Schweineschwarte mit einem Fettrand von 3 mm (30 × 40 cm)

Salz

1 Prise Liebe

ZUBEREITUNG

Die Schweineschwarte in etwa 3 cm breite Streifen schneiden, die Schwartenstreifen dann in 7–8 Zentimeter lange Stücke schneiden.

3 l Wasser mit 20 g Salz zum Kochen bringen und die Schwartenstücke 15–20 Minuten darin kochen.

Danach die Stücke zunächst in einem Sieb abtropfen lassen und anschließend mit einem Geschirrtuch etwas abtrocknen.

Jetzt die Schwartenstücke mit der Hautseite nach oben so auf einem Backblech verteilen, dass sie nicht überlappen. Mit Salz bestreuen und bei 200 °C Umluft 30 Minuten im Backofen ausbraten.

Ab 20 Minuten Bratzeit die Flæskesvær gut im Auge behalten, damit sie nicht verbrennen!

TIPP

Lasch gewordene Schweineschwartenchips 5 Minuten bei 200 °C Umluft im Backofen aufknuspern.

PØLSEHORN

Wursthörnchen

Diese Wursthörnchen sind ein beliebtes Fingerfood in Dänemark. Besonders beliebt sind sie seit Jahrzehnten auf Kindergeburtstagen oder in Lunchpaketen für Groß und Klein. Aber sie sind auch ein beliebter Snack für zwischendurch und ein tolles Partyfood. Die kleinen Würstchen werden in einen weichen, leicht süßlichen Hefeteig gewickelt und gebacken. Was übrig bleibt, wird eingefroren und nach dem Auftauen kurz aufgebacken.

Zubereitung 110 Minuten | Schwierigkeitsgrad mittel

FÜR 12 STÜCK

15 g frische Hefe
15 g Zucker
50 ml lauwarme Milch
2 Eier
25 ml Öl
190 g Mehl
3 g Salz
1 Prise Liebe
12 kleine Würstchen
Mohn oder Sesam

ZUBEREITUNG

Die Hefe und den Zucker in der Milch auflösen und 1 Ei unterrühren. Anschließend das Öl, das Mehl und das Salz dazugeben. 10 Minuten bei mittlerer Geschwindigkeit in der Küchenmaschine kneten. Dann zu einer Kugel formen, in eine Schüssel legen und mit einem Tuch abdecken. Den Hefeteig 30 Minuten gehen lassen.

Nach der Gehzeit den Teig zu einem 30–35 cm großen Kreis ausrollen. Am besten geht das auf einem Stück Backpapier. Mit einem Pizzaschneider den Teigkreis in 12 gleich große Dreiecke schneiden.

Die Würstchen auf die breiteste Stelle eines jeden Dreiecks legen und zu einem Hörnchen aufrollen. Das zweite Ei verquirlen und die Wursthörnchen damit bestreichen. Mohn oder Sesam aufstreuen und die Teiglinge weitere 45 Minuten gehen lassen.

Den Backofen auf 190 °C Ober-/Unterhitze vorheizen und die Hörnchen in 10–15 Minuten goldbraun backen.

TIPP

Einen Klecks Tomatenketchup vor dem Auflegen der Würstchen auf das Teigdreieck geben.

SKÆRBÆK
TLF. 5581 4454

STRYNBOEN

KULINARISCHE MITBRINGSEL

AUS DÄNEMARK

KULINARISCHE MITBRINGSEL AUS DÄNEMARK

Auf meinem Einkaufszettel sind Standardprodukte wie Rotkohl, Agurker (Salatgurken), Blaubeer- und Erdbeer-Rhabarber-Konfitüre, Dill-Chips, Flødeboller, Natron, Backpulver und Vanillezucker immer zu finden.

Es gibt Dinge, die ich im Grenzhandel auf deutscher Seite kaufe, weil sie hier aus verschiedenen Gründen günstiger sind. Dazu gehört Marzipan sowie blauer und weißer Mohn, weil ich ständig große Mengen davon brauche.

Außerdem gibt es auf Lakritz, Schokolade und Marzipan eine Luxussteuer. Als diese Steuern im Jahr 1922 eingeführt wurden, führte man zeitgleich auch eine Nusssteuer ein, vermutlich damit die Dänen nicht auf die Idee kommen, aus Mandeln ihr eigenes Marzipan herzustellen. Diese Steuer ist höher als die für Süßigkeiten und Limonade. Sie betrifft Haselnüsse, Paranüsse, Mandeln, Cashewnüsse, Pekannüsse, Walnüsse und Pistazien. Sind die Nüsse unverarbeitet, fällt für die meisten Sorten eine Steuer von fast 20 Kronen pro Kilogramm an. Für verarbeitete Nusskerne erhöht sich die Nusssteuer und verdoppelt sich für einige Nusssorten fast. Auf gehackte, geröstete, gemahlene oder geschälte Mandeln wird eine Steuer von fast 35 Kronen/kg erhoben.

Brun Farin
Der braune, klebrige Zucker für Kuchen und Süßspeisen mit aromatischem Geschmack.

Lakritzstreusel, -pulver und -flocken
Für Eis, Desserts und zum Backen. Meistens besser in den Grenzläden auf der deutschen Seite erhältlich. Der Hersteller sitzt in Flensburg.

Gehobelte Haselnüsse
In deutschen Supermärkten kaum erhältlich. Kauft man am besten in den Grenzläden auf der deutschen Seite.

Marzipan-Rohmasse
Der Mandelanteil im dänischen Marzipan ist höher und die Packungen deutlich größer. Ich friere es in Portionen ein.

Glucosesirup
Für Süßspeisen, Kuchen, Eis und andere Leckereien wie Guf. Günstig in jedem Supermarkt zu haben.

Lys- und Mørk-Sirup
Heller und dunkler Sirup zum Kochen und Backen.

Ymerdrys
Für den Ymer oder Joghurt zum Frühstück.

Pålægschokolade
Dünne Schokoladentäfelchen für das Frühstücksbrot.

Brun Farve
Zum Färben von Saucen. Im Kühlschrank bis zum nächsten Urlaub haltbar.

Engelsk-Sauce
Eine dänische Würzsauce, die der Worcestershire-Sauce ähnlich ist, aber anders schmeckt.

Tartelette-Schalen
Wer dänische Tarteletter mag, kauft die Schalen in Dänemark. Es ist zu aufwendig, sie selbst zu backen. Sie sind monatelang haltbar und in großer Auswahl verfügbar.

Käse
in allen Variationen am Stück. Lässt sich super einfrieren!

Rullepølse-Presse
Für die leckere »gerollte Wurst«. Aus Holz günstig im Haushaltswaren-Handel erhältlich.

KÄSE

Dänemark ist ein Käseland! Er wird überwiegend am Stück verkauft und die Vielfalt ist unglaublich! Viele Sorten sind durch das EU-Gütesiegel für die geografische Angabe (g.g.A.) geschützt. Dazu gehören Danbo, Havarti, Esrom und Danablu. Das Gütesiegel wird nur verliehen, wenn mindestens eine Phase des Produktionsprozesses in Dänemark erfolgt. Viele Dänen trinken übrigens lieber Bier statt Wein zum Käse.

- Rygeost ist geräucherter Käse. Man munkelt, er wurde bereits von den Wikingern erfunden. Da der rauchige Sauermilchkäse im 19. Jahrhundert sehr häufig auf Bauernhöfen auf Fünen hergestellt wurde, trägt er auch den Namen Fynsk Rygeost. Es ist der einzige echt dänische Käse, der kein Vorbild aus dem Ausland hat. Der weiche Käse ist ein Geheimtipp und die Gundestrup Mejeri og Bryghus braut aus der Molke des Käses sogar ein Bier!

- Danbo wird auch oft als Nationalkäse Dänemarks bezeichnet und auch am häufigsten gekauft. Geschmacklich gibt es ihn von sehr mild bis äußerst herzhaft, abhängig von der Lagerzeit. Mild ist ein junger, sehr milder Käse. Mellemlagret ist mild-würzig, während Lagret schon kräftiger ist. Ekstra lagret oder Gamle Ole sind die herzhaftesten Sorten, für die man schon ein ausgeprägter Käsefan sein sollte.

- Esrom wird in rechteckiger Form im gleichnamigen Kloster in Nordsjælland hergestellt. Er ist kräftig-würzig, hat eine hellgelbe Farbe und eine gelbe Rinde.

- Havarti ist typisch dänisch! Er wurde im 19. Jahrhundert von der Bäuerin Hanne Nielsen nördlich von Kopenhagen auf dem Havartigaard erfunden. Je länger er lagert, desto würziger wird er. Während er nach 3 Monaten Reifezeit noch sehr mild schmeckt, ist die Spezialität Gammel Knus (Alter Knusper) nach 24 Monaten Lagerung sehr würzig, härter und enthält Kristalle. Der Langzeit-gereifte Havarti erinnert in der Konsistenz an einen sehr reifen Parmesan.

- Blauschimmelkäse wie Danablu, Mycella von Bornholm und Blå Kornblomst (Blaue Kornblume) aus Nordjütland sind in Dänemark außerordentlich beliebt und es lohnt sich, diese Spezialitäten zu kosten. Toll zum Überbacken, lecker auf Brot und fantastisch im Salat.

- Samsø stammt von der gleichnamigen Insel und er erinnert an einen milden Emmentaler mit einer nussigen Note. Ideal zum Überbacken und lecker im Salat!

- Maribo ist eine malerische Stadt auf Lolland, der gleichnamige Käse ist sehr kräftig mit säuerlichen Noten.

- Grube Ost, der dänische Höhlenkäse, reift in den Mønsted-Kalkgruben in Jütland, im gleichnamigen Ort zwischen Holstebro und Viborg. Der Käse schmeckt würzig-kräftig und nussig. Die größten Kalkhöhlen der Welt sind eines der schönsten Ausflugsziele Dänemarks. Hier gibt es für Groß und Klein etwas zu entdecken!

MILCHPRODUKTE

- Piskefløde, die dänische Sahne, hat mit 38 % Fett einen höheren Fettanteil als deutsche Produkte. Ein Ersatz ist Konditorsahne mit 35 %.

- Smør – Butter. Anders als in Deutschland ist die Butter gesalzen und sie wird in 200-Gramm-Päckchen verkauft. Wer ein ungesalzenes Produkt möchte, achtet auf die Aufschrift »udsaltet«. Es gibt auch streichfähige Produkte mit Pflanzenöl im Plastikbecher mit Deckel. In meinen Rezepten gehe ich davon aus, dass ungesalzene Butter gekauft wird, deswegen wird Salz zugesetzt.

- Crème fraîche gibt es in Dänemark mit einem Fettgehalt von 5 bis zu 38 Prozent. Allerdings wird die Variante mit 18 Prozent am häufigsten verkauft. Sie wird in Pfundbechern angeboten und sehr viel verwendet. In Deutschland liegt der Fettgehalt zwischen 30 und 40 Prozent – als Ersatz bietet sich saure Sahne oder Schmand an.

- Milch gibt es in unglaublich vielen Varianten. Skummetmælk mit 0,1, Minimælk mit 0,5, Letmælk mit 1,5 und Sødmælk mit 3,5 Prozent Fett. Kærnemælk ist Buttermilch, die manchmal gesüßt ist.
  Bei Tykmælk handelt es sich um Dickmilch oder saure Milch, die schon seit Jahrhunderten bekannt ist. Sie enthält weniger Protein als Ymer.

- Kvark hat nur sehr wenig mit deutschem Quark zu tun. Er ist sehr trocken und wird meistens importiert, weil er nicht zu den Lieblingsprodukten der Dänen zählt.

- Joghurt wird im 1-Liter-Tetrapak angeboten und ist eher flüssig. Es gibt ihn in verschiedenen Fettstufen und Geschmacksrichtungen.

- Ymer, Ylette und A38 sind Sauermilchprodukte und dem Joghurt ähnlich. Der klassische Ymer gehört zum traditionellen dänischen Frühstück und wird mit Ymerdrys (mit Brun Farin gezuckerte, trockene Schwarzbrotkrümel) gegessen.

  Ymer ist das klassische Produkt, das es seit 1937 gibt. Ylette gibt es seit den 70er-Jahren, es ist die fettarme Variante.

  A38 enthält eine andere Bakterienkultur und ist etwas milder. Das A steht entweder für Andelsmejeri (Anteilsmeierei) oder die Bakterienkultur (Acidophilus-Kultur) und 38 für 1938, das Jahr, in dem das Produkt entstanden ist.

ANHANG

REGISTER DER REZEPTE

REGISTER DER DÄNISCHEN REZEPTTITEL

ÜBER DIE AUTORIN

Porträt der Autorin © Henrik Matzen / photomatzen.de

Michaela Lühr ist im Land zwischen den Meeren geboren und aufgewachsen. Im Herzen ein Nordlicht, Imkerin und Anglerin. Sie stammt aus einer kochbegeisterten Familie, die gutes Essen und vor allem Hausmannskost liebt. Die gelernte Kauffrau hat bereits als Kind die Liebe zum Kochen und Backen entdeckt.

Die kleine Küche der Autorin befindet sich im Luftkurort Bredstedt in Nordfriesland. Nur 5 Kilometer entfernt von der Nordsee und nah zur dänischen Grenze. In ihrem Garten baut sie Gemüse, Obst und Kräuter an. Außerdem kauft sie gerne vor Ort auf dem Wochenmarkt, auf Hofläden und direkt am Kutter im Hafen ein.

Seit fast zehn Jahren erscheinen auf Michaela Lührs Foodblog https://herzelieb.de zweimal wöchentlich traditionelle sowie moderne Gerichte, überwiegend aus Norddeutschland und Skandinavien. In allen Rezepten ist als wichtigste Zutat »eine Prise Liebe« aufgeführt. Bei ihren kulinarischen Ideen greift sie auf die Rezeptschätze der Familie aus Deutschland, Dänemark und Schweden zurück.

Die Rezepte und Fotografien von Michaela Lühr sind in zahlreichen Magazinen und Zeitschriften erschienen. Herzelieb ist seit Jahren einer der erfolgreichsten Foodblogs Deutschlands.

EIN GANZ GROSSES DANKESCHÖN …

… an meinen Mann, meinen Ruhepol und Anker! Ich danke dir für die Geduld und Unterstützung bei all meinen Vorhaben und in allen Lebenslagen. Du hast das Manuskript für dieses Buch wieder und wieder gegengelesen und mich auf Fehler hingewiesen. Wir sind ein fantastisches Team, nicht nur bei Fotoshootings.

… an meine Tochter. Du bist mein Sonnenschein, ich bin unglaublich stolz auf dich! Danke, dass du mich ertragen hast. Als Korrekturleserin bist du eine Wucht! Du findest in jedem Foto-Set die Schwachstellen und du bist eine tolle Assistentin für die Beleuchtung. Danke auch fürs Händchenhalten und die Umarmungen, wenns mal stressig war.

… an Anne Kühl-Kantak für die Unterstützung. Du bist unglaublich geduldig tagelang mit mir auf Fototour bei euch zu Hause auf Falster, Lolland und Møn gegangen. Du hast mir Ecken gezeigt, die ich ohne dich nie gesehen hätte. Viele Insider-Informationen über Dänemark hast du mir nebenbei vermittelt. Dein Gulasch und dein Apfelkuchen sind großartig!

… an Stephan Kantak fürs Korrekturlesen bis zur letzten Minute vor der Abgabe. Du hast mir hier und da auf die Finger geklopft und tolle Anregungen gehabt. Dein unglaublich großes Fachwissen über dänische Geschichte macht mich oft sprachlos. Ich höre dir gern zu und lerne dabei immer wieder Neues. Ich kann nicht in Worte fassen, wie dankbar ich dir bin. Aber bis wir euch wieder in Dänemark besuchen, wird mir was eingefallen sein.

… an Rosi Ketelsen. Du hast dafür gesorgt, dass ich Pausen mache, und mich zwischendurch mit Zeitung und Kuchen versorgt. Du bist ein Lichtblick in meinem Leben!

… an Torsten Dierks. Ich kann dir gar nicht genug danken für deine Freundschaft, den unermüdlichen Support und die technische Unterstützung.

… an Pernille und Hanne – mit dänischer Gelassenheit und Fröhlichkeit habt ihr mich motiviert und unterstützt.

… an Frau Burmeister und ihr unfassbar nettes Team von der Landschlachterei Burmeister in Viöl für die Unterstützung.

… an meine treuen Leser, die mich mit ihren Kommentaren, ihrer Kritik und ihrem Lob seit über 10 Jahren motivieren und unterstützen.

… an den Christian Verlag – für die Unterstützung, Geduld und die gute Zusammenarbeit!

IMPRESSUM

Verantwortlich: Sonya Mayer
Texte, Rezepte, Foodstyling & Fotografie: Michaela Lühr
Redaktion: Dr. Margit Brand
Korrektorat: Sabine Thorn
Umschlaggestaltung: Regina Degenkolbe
Design & Layout: Helen Garner, Art und Weise
Repro: LUDWIG:media
Herstellung: Vanessa Brunner

Printed in Poland by CGS Printing

Bildnachweis
Alle Fotografien des Umschlags und des Innenteils stammen von Michaela Lühr.
Porträt der Autorin Seite 172: Henrik Matzen / photomatzen.de
Illustrationen Cover und Innenteil: Shutterstock / Macrovector

★★★★★

Sind Sie mit diesem Titel zufrieden? Dann würden wir uns über Ihre Weiterempfehlung freuen. Erzählen Sie es im Freundeskreis, berichten Sie Ihrem Buchhändler oder bewerten Sie bei Onlinekauf. Und wenn Sie Kritik, Korrekturen, Aktualisierungen haben, freuen wir uns über Ihre Nachricht an: Christian Verlag, Postfach 40 02 09, D-80702 München oder per E-Mail an lektorat@verlagshaus.de

Unser komplettes Programm finden Sie unter: www.christian-verlag.de

Alle Angaben dieses Werkes wurden von der Autorin sorgfältig recherchiert und auf den neuesten Stand gebracht sowie vom Verlag geprüft. Für die Richtigkeit der Angaben kann jedoch keine Haftung übernommen werden, weshalb die Nutzung auf eigene Gefahr erfolgt. Sollte dieses Werk Links auf Webseiten Dritter enthalten, so machen wir uns die Inhalte nicht zu eigen und übernehmen für die Inhalte keine Haftung.

In diesem Buch wird aus Gründen der besseren Lesbarkeit das generische Maskulinum verwendet. Weibliche und anderweitige Geschlechteridentitäten werden dabei ausdrücklich mitgemeint, soweit es für die Aussage erforderlich ist.

Die Deutsche Nationalbibliothek verzeichnet diese Publikation in der Deutschen Nationalbibliografie; detaillierte bibliografische Daten sind im Internet über http://dnb.d-nb.de abrufbar.

2 Auflage, 2024

ISBN 978-3-95961-636-2